新注和歌文学叢書24

久保木哲夫　著

伝行成筆
和泉式部続集切
針切相模集　新注

青簡舎

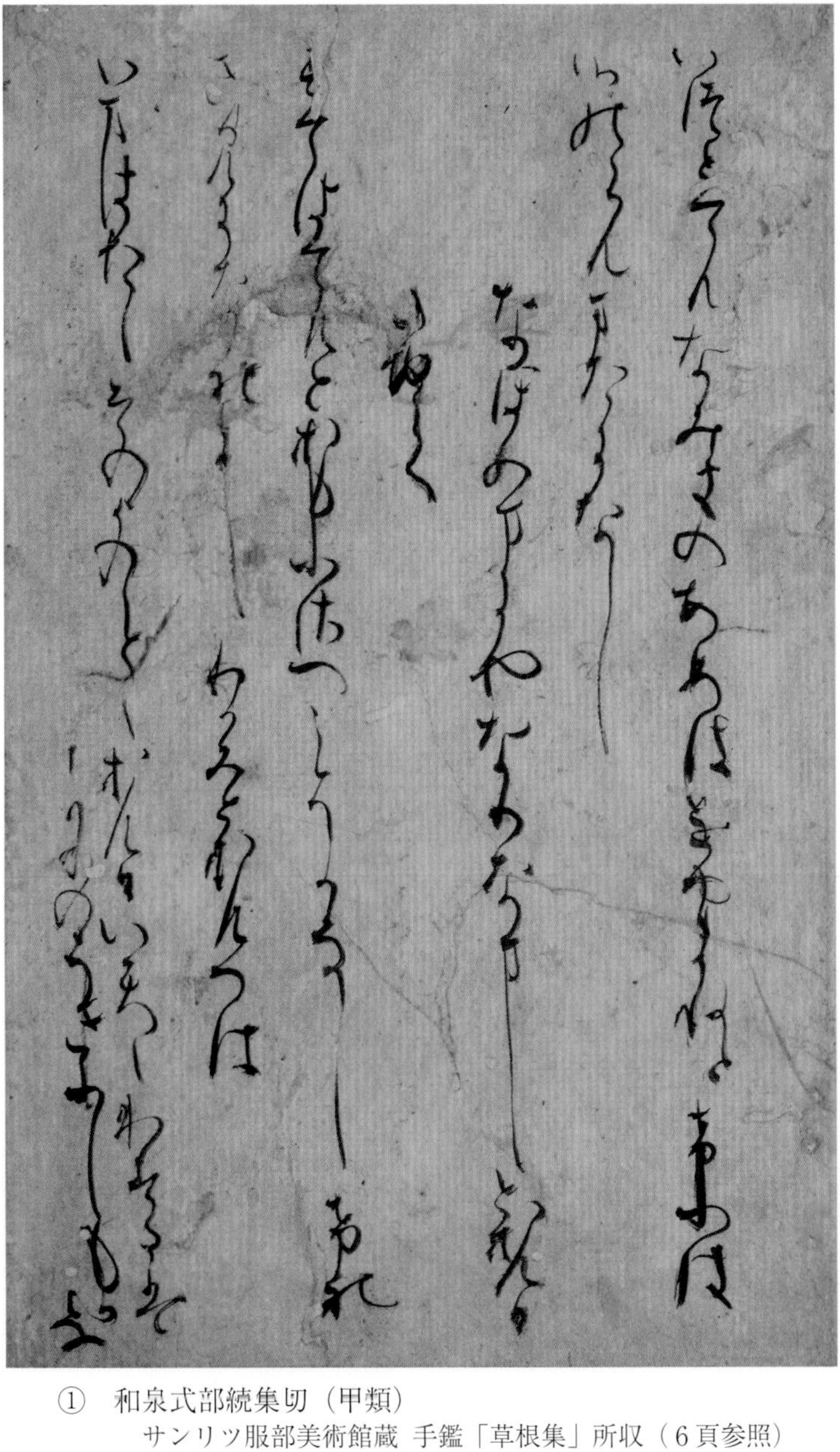

① 和泉式部続集切（甲類）
サンリツ服部美術館蔵 手鑑「草根集」所収（6頁参照）

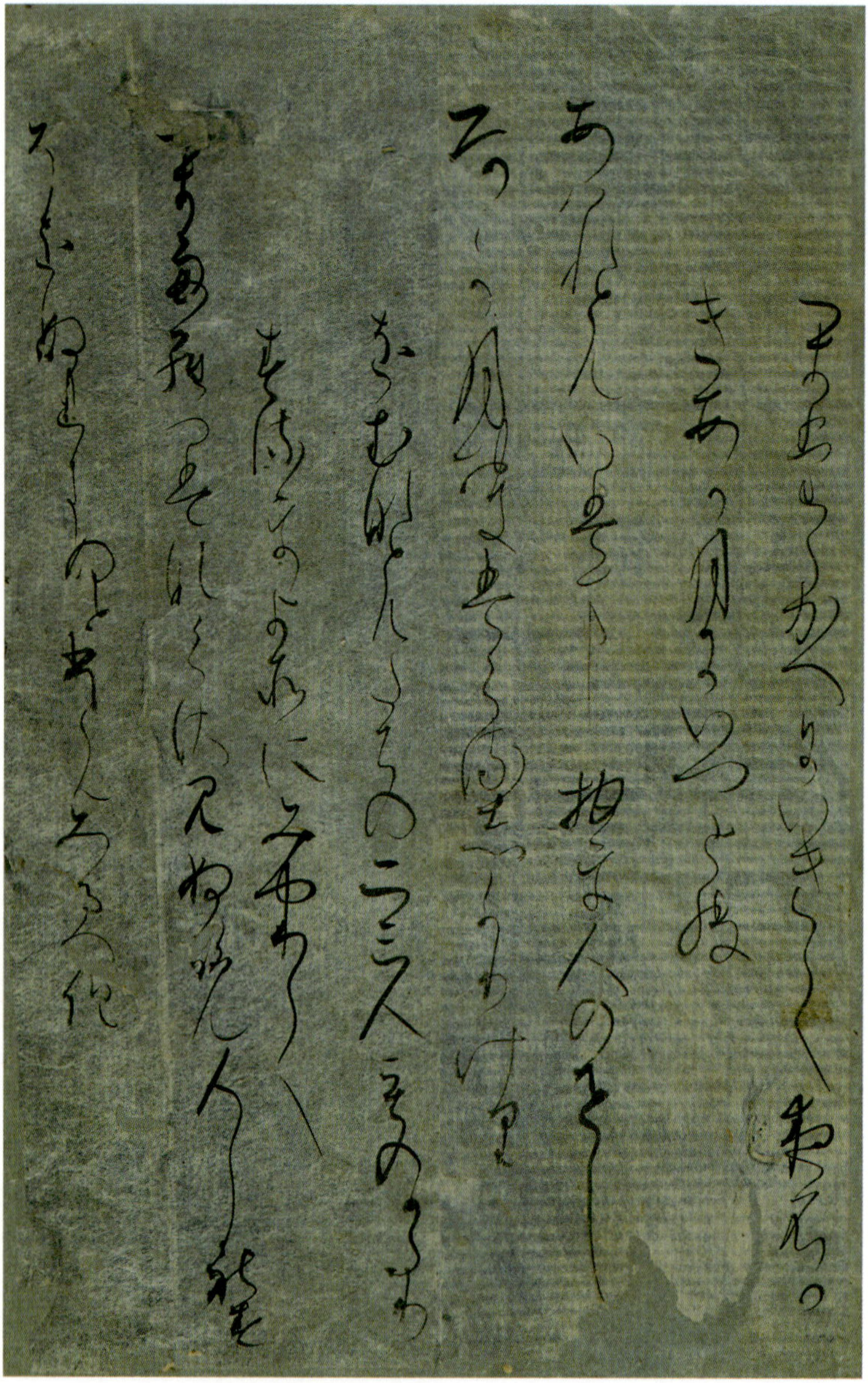

② 和泉式部続集切（乙類）
東京国立博物館蔵 手鑑「月台」所収（89頁参照）
Image：TNM Image Archives

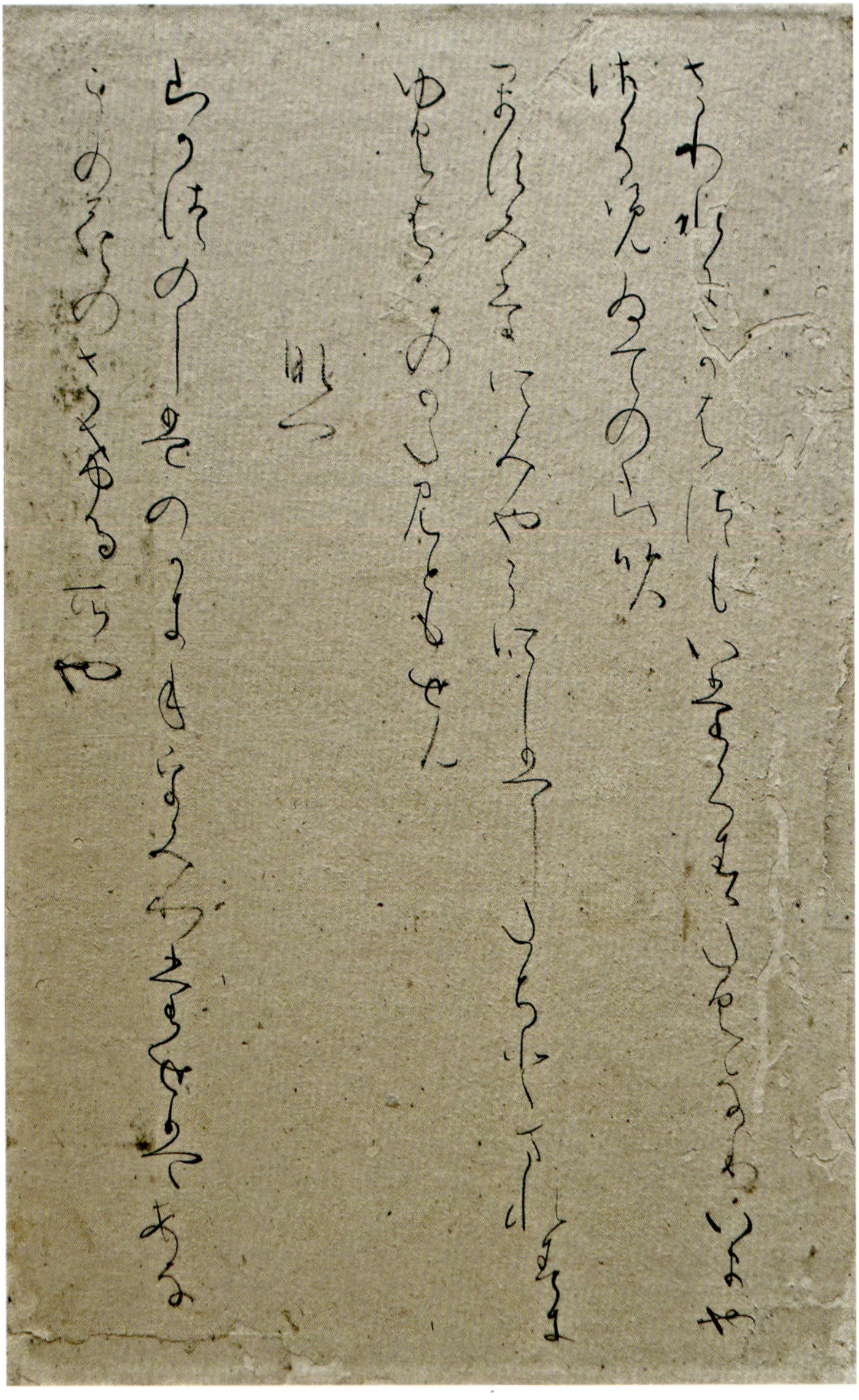

③　針切相模集
白鶴美術館蔵 手鑑「白鶴帖」所収（118頁参照）

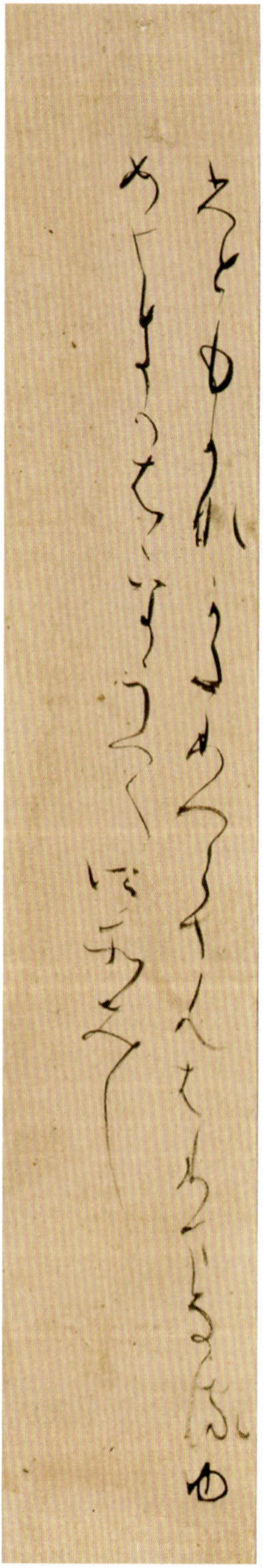

④ 針切相模集　泉屋博古館蔵「古筆手鑑」所収（151頁参照）

目次

凡例
注釈……1
伝行成筆和泉式部続集切……3
甲類……3
乙類……48
伝行成筆針切相模集……118
解説……153
一、伝行成筆古筆切……155
二、和泉式部集の伝本……157
三、和泉式部続集切の内容と性格……159
四、相模集の伝本……166
五、針切相模集の内容と性格……168
参考文献……173

断簡・流布本対照一覧……176
和泉式部続集……177
相模集……228
和歌初句索引……233
あとがき……237

凡　例

一、本書は、伝藤原行成筆とされる和泉式部続集切と、同じく伝藤原行成筆とされる針切相模集とを現段階において可能な限り集成し、全釈を試みたものである。それぞれの本文的価値については解説の項を参照されたい。

一、全体を、〔本文〕〔所収〕〔通行本文〕〔整定本文〕〔現代語訳〕〔他出〕〔語釈〕〔補説〕の順に記した。

一、本文の集成にあたっては現存手鑑はもちろんだが、各種図版類、論文、その他、私的な資料まで含めて、可能な限り利用した。また、それらは〔所収〕欄を設け、すべて具体的にその所在を示した。筆跡は続集切においても針切においても極めて独特なものを有しているので、翻刻に際しての疑問点につき、確認を容易にするためのものでもある。

それぞれの所在は次のような記号によって示した。

和泉式部続集切

大成　小松茂美『古筆学大成 19』講談社　平成4

全集　吉田幸一『和泉式部集全集　本文篇』古典文庫　昭和34

笹波　桑田笹舟『和泉式部集』書道笹波会　昭和53

予楽院　中藪久美子「近衛家煕臨・伝行成筆『和泉式部続集切』の出現」墨　昭和59・7

針切相模集

大成　小松茂美『古筆学大成19』講談社　平成4

山岸メモ　実践女子大学図書館蔵　山岸徳平メモ

一、本文は、傍書やミセケチを含め、漢字や仮名の使い分けなど、底本に可能な限り忠実に翻刻した。ただし「おもふとん」「おんへは」などとあるところはいずれも「おもふとも」「おもへは」などとした。底本が空白あるいは判読不能の箇所はそれぞれ□□の形で示した。

一、本文の掲出は断簡単位とし、末尾に』を付した。また、詞書なり歌なりが途中で切れ、複数の断簡が内容的に直接つながると認定される場合は、やはりそれぞれの断簡の末尾に』を施し、つづけて掲出した。歌が完結している場合は、次の歌と歌順が並んでいると思われる場合でも別項とした。

一、本書に付した歌番号（洋数字）は本書独自のものである。ただし和泉式部続集切の場合は『新編私家集大成』における「和泉式部　Ⅴ」と本書の断簡数が同じなので、歌番号は完全に一致する。それに対して針切相模集の場合は本書の方が収載断簡数が多いため、途中からずれが生じる。従ってその混乱を防ぐ意味もあって、各歌の下に（和数字）という形で『新編私家集大成』における「相模　Ⅳ」の歌番号を併せ付した。

一、〔通行本文〕の項には、和泉式部続集切については榊原家本和泉式部正集ならびに榊原家本和泉式部続集の本文を、針切相模集については浅野家本相模集の本文を、それぞれ全文掲げた。通常は〔校異〕とすべきところであるが、底本が断簡なのでしばしば不完全な形でしか残存していないため、比較すべき本文はすべて掲げる必要があると判断したからである。榊原家本和泉式部正・続集ならびに浅野家本相模集の歌番号は、いずれも『新編私家集大成』における番号である。

一、〔整定本文〕は、いわば校訂を加えた本文であるが、校訂にあたっては次のような処置をした。

1、用字は通行の字体を用い、底本の仮名遣いは歴史的仮名遣いに改めた。
2、仮名を適宜漢字に改め、濁点および読点を施した。また必要に応じて送り仮名も補った。
3、断簡本文が不完全なため、通行本文によって補った場合は、その箇所を［ ］によって示した。
4、本文に問題があり、解釈上改めたり、他本によって補わざるを得ない場合は、その理由を必ず〔語釈〕の項で述べた。

一、〔他出〕では、当該家集以外の作品、たとえば勅撰集や私撰集等における収載歌を対象とした。

一、〔補説〕では、当該断簡の持つ問題、あるいは人物考証、詠作状況、その他、〔語釈〕では扱いきれないことを記した。

一、引用した和歌は、原則として、私家集は『新編私家集大成』に、それ以外は『新編国歌大観』（ただし万葉集は旧番号）によったが、通読の便をはかって表記は読みやすいように改めた。また和歌以外の作品については『新編日本古典文学全集』『新日本古典文学大系』等を、適宜利用した。

一、巻末には、「解説」ならびに「参考文献」「断簡・流布本対照一覧」「和歌初句索引」等を付した。

一、なお、語釈、補説、解説などに用いた主たる参考文献とその略称は次の通りである。

佐伯梅友・村上治・小松登美『和泉式部集全釈　正集篇』笠間書院　平成4　『正集全釈』
佐伯梅友・村上治・小松登美『和泉式部集全釈　続集篇』笠間書院　昭和52　『続集全釈』
清水文雄『和泉式部集・和泉式部続集』岩波文庫　昭和58　『文庫』
武内はる恵・林マリヤ・吉田ミスズ『相模集全釈』風間書房　平成3　『相模全釈』

注釈

伝行成筆和泉式部続集切

甲　類

正月一日人の許に

1 きく人はきかはゆ〵しとおもふともかすむくもゐをわれのみそ見る

七日ゆきのふるに

2 きみかためわかなつむとて春の〵にゆきまをいかてけふはわけまし

3 きみをまたかく見てしかなはかなくてこそはきえにしゆきもふるめり

〔所収〕 『1詞〜』笹波、大成、他

〔通行本文〕 一日人の許に

1 きく人やいは〵ゆ〵しとおもふとてかすむ雲ゐをみにのみそみる（続四一）

七日ゆきのいみしうふるにつれ〴〵とおほゆれは

2 君かためわかなつむとて春日野の雪まをいかにけふはわけまし（続四四）

3　きみをまたかくみてしかなはかなくてこそはきえにし雪も降めり（続四五）

〔整定本文〕　正月一日、人のもとに

1　聞く人は聞かばゆゆしと思ふとも霞む雲居をわれのみぞ見る

七日、雪の降るに

2　君がため若菜摘むとて春の野に雪間をいかで今日は分けまし

3　君をまたかく見てしかなはかなくて去年は消えにし雪も降るめり』

〔現代語訳〕　正月一日、人のもとに

1　私のことを聞く人は、そんな話を聞いたら縁起でもない、と思うにしても、亡き宮さまを思い、ただひたすら霞む雲居を見つめてばかりいることです。

七日、雪が降るにつけて

2　宮さまのために、今日は若菜を摘むということで、何とかして、この春の野に雪間をかき分けかき分けしていたことでしょう。

3　亡くなった宮さまをまたこのように見てみたいものです。はかなく、去年消えてしまった雪もまた降っているようですね。

〔他出〕　ナシ

〔語釈〕　1**○正月一日**　寛弘五（一〇〇八）年の元日である可能性が高い。〔補説〕参照。**○ゆゆし**　不吉だ。忌まわしい。並大抵ではない。**○霞む雲居を**「雲居」は雲のいる場所。雲のかかっている遠いところ。ここでは亡き帥宮のおられる遥かかなた。ただし異なる解の可能性もあるか。〔補説〕参照。**○われのみぞ見る**　私はひたすら見るばかりだ。「私だけが見る」とする解は誤り。「御胸のみつとふたがりて」（源氏物語・桐壺）。

2**○七日**　正月七日には、若菜を摘み、いわゆる七草を食する風習があった。「七日、雪間の若菜摘み」（枕草子・

正月、一日はまいて）。**〇君がため**　「君」はここでは帥宮敦道親王を指す。〔補説〕参照。**〇雪間**　一面降り積もった雪の消えているところ。**〇いかで今日は分けまし**　何とかして今日は分けただろう。もしご存命だったら、という気持ちが前提としてある。「まし」は非現実的なことに対する推量。

3**〇見てしかな**　見たいものだ。「てしかな」は願望を表す。

〔補説〕　榊原家本を底本とする続集本文では、三八番歌からがいわゆる帥宮挽歌群と呼ばれる歌群である。当該断簡は現存断簡の中では最も歌番号の早い箇所であるが、〔通行本文〕欄に示すように、榊原家本によれば四二、四四、四五番歌にあたり、いずれも挽歌群中の歌である。帥宮敦道親王が亡くなったのは寛弘四（一〇〇七）年十月二日なので、当然これらはその翌年の寛弘五年正月の詠ということになろう。すでに指摘もあるが、御堂関白記、寛弘五年正月の項には「七日、己巳、朝間雪降」とあり、「七日、雪の降るに」と合致する。

もっとも挽歌群の冒頭、続集の三八番歌の頭注に、榊原家本には「二品弾正尹為尊親王長保四年六月依病出家薨」とあり、帥宮の兄で、かつて式部の恋人であった為尊親王挽歌群とする。弾正尹為尊親王は雲居寺に葬られている（権記）ので、「霞む雲居を」と詠まれた1番歌は、あるいは為尊親王挽歌の可能性もあるのではないかと『続集全釈』はいう。

本書では、以下、いずれも帥宮挽歌群に属する歌であることを前提に解説した（解説参照）。

4

を見てたになくさめよとあるに

よそふれときみにおくれてをるはなはにほひ
もみえすゝみそめにして

よるめのさめたるに

5 いかにしてよるの心をなくさめんひるはな
かめてさてもくらしつ
　あめのいたうふるひ人のとひにおこせ
たるに』
6 いつとてもなみたのあめはをやまねとけふは
心のくもまたになし
　なほあまにやなりなましとおもひ
たちて
7 すてはてんとおもふさへこそかなしけれ
きみになれにしわかみとおもへは
8 いまはたゝそのよのことゝおもひいてゝわするは
かりのうきふしもかな』

〔所収〕 4詞～』手鑑「鳥跡鑑」、大成　6～』手鑑「草根集」、大成 **（口絵①参照）**

〔通行本文〕 南院の梅花を人のもとよりこれみてなくさめよとあるに
4 よにふれと君にをくれてをる花はにほひてみえすすみ染にして（続四八）
5 （ナシ）

雨のいみしうふるひいかにと、ひたるに
6 いつとても涙の雨はをやまねとけふは心のくもまたになし（続五〇）
なをあまにやなりなましと思ひたつにも
7 すてはてんとおもふさへこそ悲しけれ君に馴にし我身と思へは（続五一）
8 今はたゝそよそのことゝ思ひてゝ忘るはかりのうきふしもなし（続五三）

〔整定本文〕［南院の梅花を、人のもとより、これ」を見てだに慰めよと、あるに
4 よそふれど君におくれて折る花は匂ひも見えず墨染めにして
夜、目のさめたるに
5 いかにして夜の心を慰めむ昼はながめてさても暮らしつ
雨のいたう降る日、人の問ひにおこせたるに』
6 いつとても涙の雨はをやまねど今日は心の雲間だになし
なほ尼にやなりなましと思ひ立ちて
7 捨て果てむと思ふさへこそ悲しけれ君に馴れにしわが身と思へば
8 今はただその世のことと思ひ出でて忘るばかりの憂きふしもがな』

〔現代語訳〕［南院の梅の花を、人のもとより、「せめてこの花」を見て慰めてください」と、言ってよこしたので
4 こうして宮さまに先立たれ、折る花は、以前の梅の花になぞらえてはみますけれども、美しい色合いも見えません。まるで墨染めのようで。
夜、目がさめている折に
5 どのようにしてこの夜の心を慰めたらいいでしょう。昼はもの思いにふけって、何とかそのまま過ごしたことですが。

雨のひどく降る日、人が見舞いによこしたので

6 いつといって、涙の雨は少しもやむ時はないのですが、今日は心の晴れ間さえもありません。

やはり尼になってしまおうかしらと思い立って

7 尼になって、この世を完全に捨ててしまおうかと思う、そんなことまで悲しいことです。宮さまに馴れ親しんだわが身と思いますと。

8 今はただ、あれは宮さまがいらっしゃった時代のことと思い出して、宮さまのことを忘れるほどのつらいことがあればいいなあと思います。

〔他出〕 5千載集・恋四、八四〇
6続拾遺集・雑下、一三四〇
7後拾遺集・哀傷、五七四
8後拾遺集・哀傷、五七三

〔語釈〕 4**〇南院** 敦道親王が居所としていた東三条院の南院（森田兼吉「南院考」『和泉式部日記論攷』笠間書院 昭和52 所収）。和泉式部日記によれば、式部は長保五（一〇〇三）年十二月十八日の夜、宮邸入りをしているが、この南院であった可能性が大きい。**〇見てだに慰めよ** せめて見るだけでもして、慰めてください。「だに」は、意志や希望、命令表現などを伴い、せめて……だけでも、の意を表す副助詞。「慰めよ」は「慰む」の命令形。**〇よそふれど** 下二段活用の「よそふ」は、他のものと較べる、なぞらえる、あるいは、関係づける、意。ここは、帥宮生前の南院の梅の花と、今送られて来た梅の花とを較べている。「匂ひも見えず」にかかる。「薫る香によそふるよりはほととぎす聞かばや同じ声やしたると」（和泉式部日記、一）。なお榊原家本では「よにふれと」とある。**〇君におくれて** 帥宮に先立たれて。**〇墨染めにして** 墨染めのようで。「墨染め」は喪服の色。

5**〇夜の心** 昼間はもの思いにふけって時を過ごすが、夜は目がさえて眠れずにいる心。**〇さても暮らしつ** その

ように過ごしたことだ。「暮らす」は昼間の時間を過ごすこと。夜を過ごすことは「明かす」という。

6**〇問ひにおこせたるに**　どんな具合かと質問してよこしたので。「おこす」は、よこす。「やる」の対。**〇をやまねど**　「をやむ」は少しの間だけやむ。「五月雨のをやむけしきの見えぬかなにはたづみのみ数まさりつつ」（後拾遺・夏、二〇九）。**〇雲間**　一面曇っていて部分的に晴れているところ。「間」の使い方は2番歌の「雪間」に同じ。現代語では逆に晴れ間という。

7**〇尼にやなりなまし**　尼になってしまおうかしら。「や……まし」はためらいの気持ちを表す。もっともここでは「思ひ立ちて」とあるので、決してあいまいなものではなく、そうした出家願望が実際に起こったと考えるべきであろう。**〇捨て果てむ**　完全に捨ててしまおう。すっかりこの世を捨ててしまおう。

8**〇その世**　具体的に指し示すことができる、ある時代。「花山院おりゐたまひてまたの年、仏名にけづり花につけて申し侍りける／ほどもなくさめぬる夢のうちなれどその世に似たる花の色かな」（新古今・雑上、一五八四）。ここでは帥宮在世時代。**〇憂きふしもがな**　つらいことがあるといいなあ。「もがな」は願望を表す。つらい思い出があれば忘れることが出来るけれども、いやな思い出はひとつとしてない、という意。

〔**補説**〕　5番歌は正集にも続集にもなく、千載集では恋の部に属していて、通常恋歌として解されているが、やはり帥宮挽歌の一首として理解すべきであろう。亡き宮を思い、夜も眠れぬつらさを詠む。もちろん一種の恋歌であることに変わりはないが。

9

ひさしうけつらてかみのいみし
うみたれたれは
ものをのみゝたれてそおもふたれにかはいまは

なひかむ、はたまのすち

10
みはひとつ心はち、にくたくれはさま〳〵もの
のなけかしきかな』

〔所収〕 9詞～』笹波、大成、他

〔通行本文〕 かしらをいとひさしうけつらてかみのみたれたるにも

9 ものをのみみたれてそおもふ誰にかは今はなけかんむはたまのすち（続七二）

10 身はひとつこゝろはち〳〵にくたくれはさま〳〵物のなけかしき哉（続六七）

〔整定本文〕 久しうけづらて、髪のいみじう乱れたれば

9 ものをのみ乱れてぞ思ふたれにかは今は靡かむむばたまの筋

10 身はひとつ心は千々に砕くればさまざまものの嘆かしきかな』

〔現代語訳〕 長いこと髪の手入れをせず、非常に乱れているので

9 ただもうひたすら思い乱れるばかりです。今は一体だれに靡くのでしょうか。この乱れた私の黒髪は。

10 身はひとつ、ところが私の心は千々に砕けるほどなので、あれやこれやともの嘆かしい思いはどうしようもありません。

〔他出〕 9夫木抄・雑十八、一七一六五

10万代集・恋三、二三四一

〔語釈〕 9**○けづらて** （髪の毛を）とかさないで。「けづる」は、櫛で髪の毛の手入れをすること。**○ものをのみ乱れてぞ思ふ** ものを思い乱れるばかりだ。「乱れて」は、思い乱れる意に、髪の乱れる意をこめる。**○むばたまの筋** 「むばたまの」はもともと「黒」「夜」「髪」など、黒いもの、暗い意を持つ語にかかる枕詞。ここは「むば

たま」で「髪」の意。

10 **○身はひとつ**　「心は千々に」と対になる表現。

〔補説〕　当時の女性は、たとえば枕草子に、

髪いと長く、うるはしく、

と「うらやましげなるもの」の段で述べているように、髪は美しさと同時に長さをも非常に大切にしたから、手入れが大変だったらしい。特に帥宮を喪った悲しみからであろう、その髪の毛の手入れも満足には出来ず、乱れに乱れた、というのである。

9番歌は、その「乱れ」を用いて、心の「乱れ」を詠んだ。また、榊原家本本文では第四句を「今は嘆かむ」とするが、本断簡では「今は靡かむ」とする。「たれにかは今は嘆かむむばたまの筋」より、「たれにかは今は靡かむむばたまの筋」のほうがずっと官能的であろうか。

黒髪の乱れも知らずうち臥せばまづ掻きやりし人ぞ恋しき（正集、八六）

という有名な歌を残した人にふさわしくもある。

11 われかなほとまらまほしきしらくものやへ
かさなれるやまふきのはな

12 あめのつれ〴〵なる日
あまてらす神も心あるものならはものおもふ
春はあめなふらしそ

たゝすきにすきゆく月日かなあさまし
くて

13 すく〳〵とすくる月日のをしきかなきみか』
ありへしかたとおもへは

14 わかそてはくものいかきにあらねともうちはへつ
ゆのやとりとそなる

四月ついたちころ

15 かのやまのことやかたるとほとゝきすいそきま
たるゝとしのなつかな

16 わか心なつのゝへにもあらなくにしけくも』
こひのなりまさるかな

まへなるたちはなを人のこひたるやるとて

17 とるもをしむかしの人のかにゝたるはなたち
花のなに《る》やとおもへは

ふくにてものもみぬとしの御そきの日

くるまにありときくはまことかとゝひた
りけるきんたちのありけるをのちに』
きゝて
18 それなからつれなく人はありもせよあらしと
おもひ《は》てとひけるそうき
わかみやにちゝまいりける人に
19 このみちのやらんめくさにいとゝしくめにのみ
さはるすみそめのそて
つく〳〵とほれてものゝおほゆれは』
20 はかなしとまさしく見つるゆめのよにおとろか
てふるわれは人かは
21 ひたふるにわかれし人のいかなれはむねにと
まれる心地のみする
22 あさましのよはやまかはのう《み》つなれや心ほそ
くもおもほゆるかな

23 いつこにときみをしらねはおもひやるかた
なくものそかなしかりける』

〔所収〕 11～』笹波、大成、他　13下句～』笹波、大成、他　16下句～』笹波、大成　18詞～』笹波　20
～』笹波、大成、他

〔通行本文〕 やまふきのさきたるをみて
11 われかなををらまほしきは白雲の八重にかさなる山吹のはな（続六八）
　雨のつれ〳〵なる日
12 あまてらす神も心ある物ならはものおもふはるは雨なふらせそ（続六九）
　月日のはかなうすくるをおもふに
13 すく〳〵とすくる月日のおしき哉君かあるへしかたそと思ふに（続七一）
14 わか袖はくものいかきにあらね共うちはえてつゆのやとりとそ思ふ（続七〇）
　四月一日
15 かの山のことやかたるとほとゝきすいそきまたるゝとしのなつかな（続九八）
　草のいとあをうをいたるをみて
16 わか心なつのゝへにもあらなくにしけくも恋のなり増るかな（続九九）
　二月許にまへなるたちはなを人のこひたるにたゝひとつやるとて
17 とるもうしむかしの人のかにゝたる花橘になるやとおもへは（続一一〇）
　宮の御服にてものみぬとしみそきの日人の車にそれそときくはまことかととひたる君達のありけるをのちにきゝていひやる

18 それなからつれなき物は有もせよあらしとおもはてとひけるそうき（続一五八）
19 （ナシ）
つく〳〵たゝほれてのみおほゆれは
20 はかなしとまさしくみつる夢のよををとろかてぬる我は人かは（続六一）
21 ひたすらに別し人のいかなれはむねにとまれるこゝちのみする（続六二）
22 あさましのよ《や歟》はやま川の水なれやこゝろほそくもおもほゆる哉（続六六）
23 いつこにと君をしらねはおもひやるかたなく物そかなしかりける（続七四）

〔整定本文〕［山吹の咲きたるを見て］
11 われがなほとまらまほしき白雲の八重重なれる山吹の花
雨のつれづれなる日
12 天照らす神も心あるものならばもの思ふ春は雨な降らしそ
ただ過ぎに過ぎゆく月日かな、あさましくて
13 すくすくと過ぐる月日の惜しきかな君が』あり経し方と思へば
14 わが袖は蜘蛛のいがきにあらねどもうちはへ露の宿りとぞなる
四月ついたちごろ
15 かの山のことや語るとほととぎす急ぎ待たるる年の夏かな
16 わが心夏の野辺にもあらなくにしげくも』恋のなりまさるかな
前なる橘を人の乞ひたる、やるとて
17 取るも惜し昔の人の香に似たる花橘のなるやと思へば
服にてものも見ぬ年の禊ぎの日、車にありと聞くはまことか、と問ひたりける君達のありけるを、後に』

聞きて

18 それながらつれなく人はありもせよあらじと思はで問ひけるぞ憂き

若宮に乳参りける人に

19 この道のやらむめぐさにいとどしく目にのみ障る墨染めの袖

つくづくと惚れてものおぼゆれば』

20 はかなしとまさしく見つる夢のよに驚かで経るわれは人かは

21 ひたぶるに別れし人のいかなれば胸にとまれる心地のみする

22 あさましの世は山川の水なれや心細くも思ほゆるかな

23 いづこにと君を知らねば思ひやる方なくものぞ悲しかりける』

〔現代語訳〕　［山吹が咲いているのを見て］

11 幾重にも花びらが重なっている八重の山吹が咲いている、そのように幾重にも白雲が重なっているような奥深い山が、やはり私のとどまっていたいところなのです。

雨が降って所在のない日

12 大空を支配する天照らす神ももし心あるものでしたら、こうしてもの思いに沈む春は雨を降らしてくださいますな。

ただひたすら過ぎてゆく月日ですこと、驚き呆れて

13 どんどん過ぎ去ってゆく月日が惜しいことです。それは、まだ宮さまがご存命だった時分が遠くなっていくことかと思いますと。

14 私の袖は決して蜘蛛の巣ではないのですけれど、蜘蛛が糸を延ばすようにずっとずっとどこまでも、露の宿り、涙のとどまるところとなってしまいました。

四月ついたちごろ

15 宮さまのおいでになるあの死出の山のことを語ってくれるかと、もう今から今年の夏はほととぎすの鳴くのが待たれてしまうことですよ。

16 私の心は決して夏の野辺でもないのに、まるで生い茂る夏草のように、恋しい思いがしげくなりまさることです。

家の前の橘を人が欲しがっている、それをやるということで

17 取るのも惜しいことです。いずれは亡き人の香に似た花橘のようになるのかと思いますと。

宮さまの喪に服していて物見もしないでいた年の禊ぎの日、「車に乗っていたと耳にしたのは本当か」と聞いていた君達がいたというのを、後になって聞いて

18 喪に服していながら平然として人はいるかもしれないし、それはそれで結構ですよ。でも、私のことをそんな女ではないだろうともお思いにならないで、人に聞かれたということがつらいことです。

若宮に乳を飲ませた人に

19 この若宮がたどるであろう道の痛々しさに、一層目にするのも差し支えるばかりの墨染めの袖です。

ただもうぼんやりと放心状態でもの思いがされるので

20 はかないものだとはっきりと見たこの夢のような世の中に、目も覚めずに過ごしている私は人と言えるでしょうか。

21 完全にお別れしてしまったあの方が、どうしていつまでもこのように胸にとどまっている感じがしきりにするのでしょう。

22 呆れかえるほどのこの世は、まるで山の中を流れる川の水なのかしら。何とも心細く思われることですよ。

23 今、宮さまはどこにいらっしゃるのか、私は存じあげませんので、どこをどう思いやっていいのか、思いやる

方法もなく、ひたすらもの悲しく思われることでした。

〔他出〕 14夫木抄・雑九、一三一二二
20万代集・雑五、三五七二
23万代集・雑五、三五三三

〔語釈〕 11**○とまらまほしき**　とどまっていたい。「まほしき」は願望の助動詞「まほし」の連体形。「山」にかかる。**○白雲の八重重なれる**　遠いところをいう。「白雲の八重に重なるをちにても思はむ人に心隔つな」（古今集・離別、三八〇）。ここは「白雲の八重重なれる山」と、「八重重なれる山吹の花」との二重構造。

12**○天照らす神**　天照皇大神のことであろうが、ここでは天候を支配する神として扱っている。**○雨な降らしそ**　雨を降らすな。「な……そ」は禁止を表す。

13**○過ぎに過ぎゆく**　ひたすら過ぎてゆく。同じ動詞を重ねての強調表現。「たてこめたるところの戸、ただ開きに開きぬ」（竹取物語）。**○あさましくて**　意外なことに驚いて。呆れて。**○すくすくと**　速やかに進む様子。ずんずん。ぐんぐん。「夜やうやう暁方になりにければ、……すくすくと明かくなりにければ」（平中物語・二五段）。**○あり経し方**　生きながらえていた方面。「月日」が過ぎるということは帥宮が生きていた時期が次第に遠くなることを意味する。

14**○蜘蛛のいがき**　蜘蛛が巣を造ること。また、その巣。「秋風はまだきな吹きそわが宿のあばら隠せる蜘蛛のいがきを」（好忠集、二三九）。**○うちはへ**　引き延ばす意の動詞「うちはへ」に、そこから派生した、ひきつづき、ずっとの意の副詞「うちはへ」を兼ねる。**○露の宿り**　蜘蛛の巣に露がたまるように、私の袖には涙がたまる。

15**○四月ついたちごろ**　旧暦では夏のはじめ。ほととぎすは一般に五月になってから鳴く鳥と当時は考えられていたので、「四月ついたち」ではまだ早いが、という気持ちがある。「五月来ば鳴きもふりなむほととぎすまだしきほどの声を聞かばや」（古今集・夏、一三八）。**○かの山のことや語ると**　「かの山」とは死出の山を指す。ほととぎす

は現世とあの世との間にある死出の山を越えて往来するという。「ほととぎすは死出の山を過ぐる鳥なれば、人などにおくれて世の中嘆かしく思ひける時詠める歌にや」（奥義抄）。「死出の山越えて来つらむほととぎす恋しき人の上語らなむ」（拾遺集・哀傷、一三〇七）。

16**○夏の野辺にもあらなくに**　夏の野辺でもないことなのに。「あらなくに」は「あらず」のいわゆるク語法。榊原家本の続集本文には「草のいと青う生ひたるを見て」との詞書があり、対応する。

17**○昔の人の香に似たる**　有名な「五月待つ花橘の香をかげば昔の人の袖の香ぞする」（古今集・夏、一三九）を踏まえる。なお、榊原家本の詞書に「二月許に」とあるのは不審。

18**○服にて**　「服」は「ぶく」と読む。喪服、あるいは喪に服すること、また、その期間。ここは帥宮の喪に服すること。**○ものも見ぬ**　物見などもしない。行幸や祭礼などに伴う行列、あるいは男踏歌や競べ馬などの年中行事を見物することは当時の貴族たちにとって大きな楽しみであった。ここは「禊ぎの日」とあるので四月に行われた賀茂の祭り（葵祭）の際のものであろう。貴族たちは牛車に乗って出かけて行った。源氏物語・葵巻における車争いの事件は有名。**○それながら**　服という状態でありながら。**○つれなく**　そっけなく。さりげなく。平然と。**○ありもせよ**　あるならあるで結構だ。あるかもしれないがそれはそれでいい。「惜しむらむ人の命はありもせよ待つにも堪へぬ身こそなからめ」（正集、四二七）。

19**○若宮**　帥宮との間に生まれた子であろう。後に出家して「永覚」とか「岩藏の宮」とか呼ばれたが、歌の内容からすると誕生の時点で仏門に入ることが運命づけられていたのかもしれない。〔補説〕参照。**○乳参りける人**　若宮の乳母であろう。**○この道のやらむめぐさに**　意味が取りにくいが、「めぐさ」は、気がかりだ、痛々しい、胸が痛むほどかわいい、などの意を持つ形容詞「めぐし」の語幹に、接尾語「さ」がついて名詞化したものか。「この道」は末句の「墨染めの袖」から考えると仏門への道であろう。あるいは「子の道」の可能性もあるか。**○墨染めの袖**　「墨染め」は薄墨色に染めること。喪服や僧衣をいう。

20**〇つくづくと惚れて**　「つくづく」は、気力を失った様子、じっとしている様子、なすこともなくぼんやりしている様子をいい、「惚る」は、理性を失ってぼうっとしている、放心状態になっている意を表す。**〇まさしく**　本当に。間違いなく。予想どおりに。現実に。**〇夢のよに**　「夢の世」に「夜」を掛ける。

21**〇ひたぶるに別れし人の**　「ひたぶるに」は、一途に、ただひたすら、完全に、すっかり、などの意を表す。「ひたぶるに死なば何かはさもあらばあれ生きて甲斐なきもの思ふ身は」（拾遺集・恋五、九三四）。「ひたぶるに別れし人」は、完全に別れてしまった人。ここは死別を表す。**〇胸にとまれる**　胸にとどまっている。「別れし」に対して「とまれる」という。

22**〇あさましの**　「あさまし」は、意外だ、驚き呆れるほどだ、の意。ここは「浅」を掛け、「心細く」の「細」とともに、「山川」の縁語。「さをしかの爪だにひちぬ山川のあさましきまでとはぬ君かな」（古今六帖、九六〇）。**〇山川の**　山の中を流れる川。「やまがは」と「が」は濁音。

23**〇いづこにと**　宮は亡くなった今、どこにいるのか、と。

〔**補説**〕　帥宮挽歌群のつづきである。ただし19番歌は他のどの文献にも見えない本断簡特有歌である。詞書に「若宮に乳参りける人に」とあり、「若宮」の乳母と思われる人に送った歌であることが知られるが、「若宮」とは誰か。同じ挽歌群に、

何心もなき人の御さま見るもあはれにて

31　わりなくも慰めがたき心かな子こそは君が同じことなれど（続八九）

とある、「何心もなき人」、「子こそは」の「子」、と同じである可能性が非常に大きいと思われる。要するに帥宮と式部との間に生まれた子で、後に出家し、洛北の石蔵（岩藏とも表記。大雲寺か）に住んだと考えられている人物である。次の例はいずれもその人物とのやりとりと考えられ、『正集全釈』にくわしい考証がある。

宮、法師になりて、髪の切れをおこせ給へるを

かき撫でておほしし髪の筋異になりはてぬるを見るぞ悲しき（正四九〇）

　石蔵の宮の御許に、ちまき奉るとて

深沢の菰をぞかける君がため玉は衣の袖にかくらむ（正四九七）

　返し

深沢のこま《（ママ）》はかたみに刈りけりと君は涙の玉ぞかかれる（正四九八）

　石蔵より野老おう《（ママ）》せたる手箱に、草餅入れて奉るとて

花の里心も知らず春の野にいろいろ摘める母子もちひぞ（正五一七）

ところで19番歌に、「目にのみ障る墨染めの袖」とあるところを見ると、この「若宮」は生まれた時から仏門に入ることが運命づけられていたのではなかろうか。つらいことだが、式部としては受け入れざるを得ない立場でもあったのであろう。やがて「かき撫でておほしし髪の」（正四九〇）とうたうことになる。

なお、本朝皇胤紹運録には、敦道親王の子として「永覚」なる人物が記されているが、この「永覚」が式部との間の子で、「石蔵の宮」と呼ばれた人物ではないかとも想定されている。

また、当該箇所で特徴的なのは断簡群と榊原家本本文との間で歌順が大いに異なっていることである。部分的には同じところもあるのだが、たとえば17番と18番は榊原家本では一一二番と一五七番に該当する。その間、断簡では四十四首もの歌が脱け落ちていることになる。解説でも述べたが、ここはいわゆる五十首歌に該当する箇所である。もちろん断簡だから、まだその部分が見いだされていないのだろうとする考え方もあろうが、この17番と18番は一葉の断簡の中に収められているものであり、五十首歌はもともと伝行成筆続集切にはなかったのではないかと思われる。今後断簡の博捜がつづき、どんなに新しい続集切が見いだされようとも、この五十首歌に該当する部分は出て来ない可能性が強い。

24 たえしとき心にかなふものならはわかたまの
をによりかへてまし
25 おほつかなわか身はたこのうらなれやそてうち
ぬらすなみのまもなし』

〔所収〕 24〜』 大成

〔通行本文〕
24 たえしときこゝろにかなふ物ならは我か玉のをによりかへてまし（続七六）
25 おほつかな我身は田子の浦なれや袖うちぬらす浪の間もなし（続七七）

〔整定本文〕
24 絶えし時心にかなふものならばわが玉の緒によりかへてまし
25 おぼつかなわが身は田子の浦なれや袖うち濡らす波の間もなし』

〔現代語訳〕
24 宮さまの命が途絶えた時、自分の思うとおりになるものならば、私の命を差し出して、宮さまの命をつなぎ止めたでしょうに。
25 何だかよくわかりませんこと。私は田子の浦なのかしら。いつもいつも袖を濡らす波があって、その隙間、袖の濡れない時とてありません。いつもいつも涙で袖が濡れています。

〔他出〕 ナシ

〔語釈〕 24 **○絶えし時** 宮さまの「玉の緒」が絶えた時、亡くなった時。**○心にかなふものならば** 自分で自分の思いどおりになるものならば。「命だに心にかなふものならば何か別れの悲しからまし」（古今集・離別、三八七）。**○わが玉の緒に**　私の命に。「玉の緒」は、もともと装飾用の玉を貫き通すための緒をいう。その「玉」に「魂」の意を掛け、魂をつなぎとめておく緒の意から、生命、命の意。「玉の緒よ絶えなば絶えねながらへば忍ぶることの弱りもぞする」（新古今・恋一、一〇三四）。**○よりかへてまし**　「緒」を縒り換えたでしょうに。「未然形＋ば……まし」は反実仮想。実際には不可能なことを前提にいう。

25**○おぼつかな**　はっきりしない、もどかしい、よくわからない、などの意を表す「おぼつかなし」の語幹。形容詞の語幹のみを用いる表現は、一種の感動表現で、はっきりしないことよ、の意。**○田子の浦なれや**　田子の浦なのかしら。そうではないのに、という気持ちでいう。「田子の浦」は、駿河国（今の静岡県）の歌枕。**○波の間もなし**　袖を濡らす波と波の間もない。涙で袖の濡らさない時もない。〔補説〕参照。

〔補説〕　25番歌の「袖うち濡らす波の間」は、2番歌の「雪間」、6番歌の「雲間」と同じ用法で、袖を濡らす波と波との間、の意。すなわち、袖を濡らさない時、をいう。

ここは榊原家本と本文の上での相違はなく、二首ともに師宮挽歌と見て差し支えないであろう。

26　たつねていかぬみちなり

27　身をわけてなみたのかはのなかるれはこなた
かなたのきしとこそなれ

28　あかさりしきみをわすれんものなれや
あれなれかはのいしはつく《っ》とも

29 あけたてはむなしきそらをなかむれとそれそとしるきくもたにもなし』

〔所収〕 26下句〜』笹波、大成

〔通行本文〕

26 おもへとも悲しき物はしりなから人のたつねていらぬふちかな（続七九）

27 みをわけて涙のかはのなかるれはこなたかなたのきしとこそなれ（続八〇）

28 あかさりし君をわすれん物なれやあれなれかはのいしはつく共（続八一）

29 あけたてはむなしき空をなかむれとそれそとしるき雲たにもなし（続八二）

〔整定本文〕

26 ［思へども悲しきものは知りながら人の］尋ねて行かぬ道なり

27 身を分けて涙の川のながるればこなたかなたの岸とこそなれ

28 飽かざりし君を忘れむものなれやあれなれ川の石は尽くとも

29 明けたてばむなしき空を眺むれどそれぞとしるき雲だにもなし』

〔現代語訳〕

26 ［宮さまのことを思いはするけれど、悲しいものは、それがどういう道だとは知りながら、人が］尋ねて行かない道なのです。逢いに行けないことが悲しい。

27 宮さまと私の間を分けるようにして涙があふれ、川となって流れるので、それで、こちらの岸、あちらの岸となってしまったのですね。

28 どんなに愛しても愛しても愛し足りることのなかった宮さまのことを、私が忘れたりすることがあるでしょう

か。あの、あれなれ川の石が尽きることがあったとしても。

29 夜が明けるといつもじっと大空を眺めるのですが、ああ、あれが今の宮さまだと思う雲さえもないことです。

〔他出〕 28夫木抄・雑六、一一一九五

29万代集・雑五、三五三二

〔語釈〕 26**○人の尋ねて行かぬ道なり** 「人の尋ねて行かぬ道」とは、あの世に通じる道を意味しているのであろう。続集では「人の尋ねて入らぬ渕かな」とあり、意不明。

27**○身を分けて** 「身を分く」は、一般に、一つの体を二つに分けること。「身を分けて君にし添ふるものならば行くもとまるも思はざらまし」(落窪物語、七二)。しかしここは、下句の内容から考えると、一体のようになっていた帥宮と式部との間を分けて、の意か。**○涙の川のながるれば** 「涙の川」は、涙がたくさん流れることを川にたとえた表現。「ながるれば」は、「流るれば」に「泣かるれば」を掛ける。「泣かるれば」は「涙」の縁語。**○こなたかなたの岸** 此岸と彼岸。この世とあの世。

28**○飽かざりし** 飽くことがなかった。これで十分と思うことがなかった。**○あれなれ川** 朝鮮半島にある川の名。鴨緑江とも、あるいは慶州北部にある閼川ともいう。他出欄に見える夫木抄には「ありなれがは」とある。〔補説〕参照。

29**○明けたてば** 夜が明けるといつも。「ば」は接続助詞。この場合已然形接続で、恒時条件を示す。「明けたてば蝉のをりはへ鳴きくらし夜は蛍の燃えこそわたれ」(古今集・恋一、五四三)。**○むなしき空** 漢語「虚空」の訓読語。大空。「わが恋はむなしき空に満ちぬらし思ひやれども行く方もなし」(古今集・恋一、四八八)。**○それぞとしるき** それだとはっきりしている。「しるき」は「著き」で、顕著だ、明白だ、の意。**○雲だにもなし** 雲さえもない。〔補説〕参照。

〔補説〕 28番歌の「あれなれ川」は川の名としても非常に珍しいものである。和歌に用いられた他の用例としては、

ずっと後のことになるが、六百番歌合に、

寄川恋　左持　顕昭

聞きわたるありなれ川の水にこそ影を並べてすままほしけれ（九八五）

右　信定

涙川逢ふ瀬も知らぬみをつくし丈越すほどになりにけるかな（九八六）

とある程度である。判詞でも「右申云、ありなれ川聞きなれず、果て古めかし、左申云、丈越すほどあまり新しくや。判云、ありなれ川は珍しく、下句はまことに古かるべし、涙川のみをつくしは、水あまりにや侍らむ、可為持」といっているほどである。もともとは、日本書紀・巻九、神功皇后紀に、皇后が朝鮮征伐をした折、新羅王が、東の日の更に西に出づるに非ずは、且阿利那礼河の返りて逆《さかしま》に流れ、河の石の昇りて星辰《あまつほし》に為るに及《いた》るを除きて……

といって朝貢を誓ったという言葉の中に出てくるのだが、そうした極めて珍しい川の名をなぜ式部が知っていたのか、またなぜここでわざわざそうしたむずかしい川の名を用いたのか、その必然性は、などなど、疑問に思うことは多いが、現段階ではすべて不明というよりほかはない。

29番歌は、昔、楚の懐王が夢の中で仙女と契りを結んだが、女は、別れに際して「旦《あした》には朝雲となり、暮には行雲となる」と言ったという、いわゆる巫山の故事（文選、高唐賦）に基づく。大空を眺めながら、亡き宮の姿を追い求めている式部の心境がそういう形で詠まれている。なお、この歌は23番歌とともに万代集に収録されているが、そこでは、

弾正尹親王隠れて、わざの夜のあくるあしたによみける　和泉式部

となっている。「弾正尹親王」とは帥宮の兄為尊親王のことだから、万代集ではこの歌群を為尊親王挽歌群と考えていることになる。

30 やるふみにわかおもふことしかゝれねはお
つるなみたのつくるよもなし
なに心もなき人の御さま見るもあは
れにて
31 わりなくもなくさめかたき心かなこゝそはきみ
かおなし事なれと』

〔所収〕 30〜』 笹波

〔通行本文〕 御ふみとものあるをやりて経紙にすかすとて
30 やるふみにわかおもふことしかゝれねはおもふ心のつくる夜もなし（続八六）
なに心もなき人の御ありさまをみるもあはれにて
31 わりなくもなくさめかたき心かなこゝそは君かおなし事なれ（続八九）

〔整定本文〕 ［御文どものあるをやりて、経紙に漉かすとて］
30 やる文にわが思ふことし書かれねば落つる涙の尽くるよもなし
何心もなき人の御さま見るも、あはれにて
31 わりなくも慰めがたき心かな子こそは君が同じことなれど』

〔現代語訳〕 ［宮さまからのお手紙が残されていたのを破いて、写経用の紙に漉きなおさせようとして］
30 差し上げる文と違って、破る文には私の思うことが書き付けられないので、したたり落ちる涙が尽きるときとてありません。

まだもの心もつかない人のご様子を見るにつけても、しみじみと思われて
31　どうしようもなく慰めがたい気持ちですこと。この子こそ、宮さまと同じことだと思うのですけれど。忘れ形見には違いないのに、やはり宮さまが恋しい。

〔他出〕　ナシ

〔語釈〕　30○**御文ども**　尊敬語の「御」が用いられ、同種のものが複数あることを示す接尾語「ども」が用いられている。亡き帥宮がくださった数々のお手紙。○**やりて**　破って。「破る」ことを「やる」という。「忘れがたく、口惜しきこと多かれど、え尽くさず。とまれかうまれ、とくやりてむ。」（土佐日記、末尾）。○**経紙**　写経用の料紙。故人追善のためであろう、ゆかりの手紙を漉きなおして再生した紙に経を書くのである。〔補説〕参照。○**やる文に**　「やる」は「遣る」と「破る」の掛詞。○**書かれねば**　書くことができないので。「れ」は可能の助動詞「る」の未然形、「ね」は打消の助動詞「ず」の已然形。「ば」は順接確定条件を示す接続助詞。

31○**何心もなき人**　どうという心も持たない人。まだもの心もつかない人。幼児。〔補説〕参照。○**わりなくも**　「わりなし」は、道理や理性が通用しないさま。どうしようもない。途方に暮れる。はなはだしい。○**子こそは**　この「子」は「何心もなき人」を指す。〔補説〕参照。

〔補説〕　30番歌は、思い出多い手紙などを材料にして、紙を漉きなおし、それに経を書こうというのである。こうした行為は、たとえば、新古今集・哀傷（八二六）に、

通ひける女のはかなくなり侍りにけるころ、書き置きたる文ども、経の料紙になさむとて取り出でて見侍りける　　按察使公通

書きとむる言の葉のみぞ水茎の流れてとまる形見なりける

とあったり、今鏡・第九に、

昔、清和の帝の御時、方々多くおはしける中に、一人の御息所の、太上法皇かくれさせたまへりける時、御経

供養して、仏の道とぶらひたてまつられけるに、御法書きたまへりける色紙の色の、夕べの空の薄雲などのやうに墨染めなりければ、人々あやしく思ひけるに、昔賜はりたまへりける御文どもを色紙に漉きて、御法の料紙になされたりけるなり。それよりぞ反古色紙の経は世に伝はれりけるとなむ。

などとあったりすることによって、しばしば行われたものであることがわかる。もちろんここは亡き帥宮追憶のための行為であったろう。

31番歌の「何心もなき人」は、19番歌に既出の「若宮」と同一人物であろう。19番歌で「乳参りける」とあり、この31番歌で「何心もなき」とあるので、帥宮没年時には当然ながらまだ非常に幼かったと考えられ、帥宮と式部との間に生まれた子として不都合はない。また、「子こそは君が同じことなれど」ともあり、そこからも、帥宮の忘れ形見であると考えて間違いないであろう。

32

正月一日むめのはなをひとのおこせたるに

春やくるはなやさくともしらすけりたにのそこなるむもれきなれは

33

七日』

おもひきやけふのわかなをよそに見てしのふのくさをつまんものとは

34

子日のまつを人のおこせたるに

てもふれて見にのみそ見るよろつよをまつ

35

ひきかけしきみしみえねは
うくひすはきゝたりやといひたる人に
いつしかとまたれしものをうくひすのこゑに
こたへてかへりくるかに』

〔所収〕　32詞～』笹波、大成、他　33～』笹波、大成

〔通行本文〕　正月一日はなを人のをこせたれは
32　春やくる花や咲ともしらさりきたにのそこなる埋れ木なれは（正七二六）
七日
33　思ひきや今日のわかなもしらすしてしのふのくさをつまん物とは（続九一）
子日のまつを人のもてきたるをみて
34　てもふれてみにのみそみる万代をまつひきかけしきみしなけれは（続九二）
うくひすのなきつるはきゝつやと人のとひたるに
35　いつしかとまたれし物を鶯の声きかまうき春も有けり（続九三）

〔整定本文〕　正月一日、梅の花を人のおこせたるに
32　春や来る花や咲くとも知らずけり谷の底なる埋もれ木なれば
七日』
33　思ひきや今日の若菜をよそに見てしのぶの草を摘まむものとは
子日の松を人のおこせたるに

34手も触れで見にのみぞ見るよろづ代をまづ引きかけし君し見えねば
鶯は聞きたりや、といひたる人に
35いつしかと待たれしものを鶯の声に答へて帰り来るがに』

〔現代語訳〕 正月一日、梅の花を人が送ってよこしてあったので
32春が来るのやら、花が咲くのやら、私はまったく知りませんでした。まるで谷の底にある埋もれ木のように、ひっそりと生きて来ましたので。

七日
33思ってもみませんでした。今日の若菜摘みをひとごとのように考え、まさか独り寂しくしのぶ草を摘む、宮さまをお偲びするようになろうなどとは。

子日の松を人が送ってよこしてあったので
34せっかく送ってくださった松ですが、私は手も触れずにただひたすら見るばかりです。いつまでもいつまでも、千年どころか万年もと、まず長寿をお祈りした宮さまがいらっしゃいませんので。

鶯の声は聞いていますか、と言ってよこした人に
35以前は、いつか早くとあれほど待たれましたのに。鶯の声に答えて帰って来るように。

〔他出〕 32新勅撰集・雑二、一二〇〇
35万代集・雑一、二七五二

〔語釈〕 32**〇春や来る花や咲くとも** 春が来るのか、花が咲くのか、とも。「や」はいずれも疑問を表す係助詞。**〇知らずけり** 語法的には不自然な言い方。「知らざりけり」か、正集本文のように「知らざりき」が自然。**〇埋もれ木** 樹木が地中や水中に埋没して化石状になったもの。世間から忘れられたような身の上をいう。「春ごとに忘られにける埋もれ木は花の都を思ひこそやれ」(後拾遺集・雑三、九七二)。

33**〇七日**　正月七日は人日（じんじつ）といい、七種（ななくさ）の若菜を摘んで食する中国伝来の風習があった。「七日、雪間の若菜摘み、」（枕草子・正月、一日は）。**〇思ひきや**　思っただろうか、思ったことはなかった。「や」は反語。**〇しのぶの草**　シダ類のノキノシノブとされるが、和歌では「忍ぶ」あるいは「偲ぶ」意に用いられることが多い。ここは後者。「独りのみながめふるやのつまなれば人をしのぶの草ぞ生ひける」（古今集・恋五、七六九）。もっとも、具体的に見ると必ずしも正月最初の子の日には限らなかったようで、二月になってから行われる場合もあったようだが、引いた小松を贈り合ったりして、多く、歌が添えられた。ここはいただいた小松に対するお礼の歌。

34**〇子日の松**　「ねのひのまつ」。正月、最初の子の日に野に出て小松を引き、不老長寿を願う風習があった。ただし内容的には帥宮追慕の気持ちが強く、お礼の歌になっていない。**〇見にのみぞ見る**　ただひたすら見るばかりだ。「に」は格助詞で、「泣きに泣く」「開きに開く」などのように同じ動詞を重ねた間に入れ、動作の継続を表し、意味を強める役割を果たす。ここはさらに副助詞「のみ」を用いて強調している。**〇よろづ代**　限りなく多くの年月をいう。万代。松の齢は千年といわれるが、それどころか万年までもという気持ち。「千歳まで限れる松も今日よりは君にひかれてよろづ代や経む」（拾遺集・春、二四）。**〇まづ引きかけし**　「まづ」に「松」を掛け、「松を引く」から、引き合いに出す、関係づけていう意の「引きかく」を導く。

35**〇いつしかと**　いつか早くと。これから起こることを待ち望む意を表す。**〇待たれしものを**　自然と待たれてしまったのに。「れ」は自発の助動詞「る」の連用形。「し」は回想の助動詞「き」の連体形。「ものを」は逆接の意を表す。ここは終助詞。現代語訳ではそのまま直訳しておいたが、上句との関係からも、語法的にも、不審。**〇声に答へて帰り来るがに**　「がに」については〔補説〕参照。なお、榊原家本や〔他出〕欄に見える万代集では、「声きかまうき春も有けり」とあり、声を聞きたくない春もあったのですね、という意味になって非常にわかりやすい。

〔補説〕　33番歌は断簡では詞書の部分を欠いているが、榊原家本では「七日」となっている。たまたま32番歌を持つ断簡が「七日」という詞書で終わるので、両者を接続させると、この二葉の断簡は、配列上、32「正月一日」、

33「七日」、34「子日の松」、35「鶯」となって、まことに都合がいい。ただし、32番歌は榊原家本によれば続集所載歌ではなく、正集所載歌なので、その点はこれまでも問題とされてきたところである。本来どういう形態を持っていたのか。少なくとも同筆のツレとして存在する以上、一応32番歌も挽歌群の一首として解することは許されるのではないかと思う。解説にも述べたように、かつてはこの歌の存在のために、甲類全体が正集の断簡かと認定されていたこともあったのである。

なお、帥宮が薨じたのは寛弘四（一〇〇七）年十月二日なので、これらはその翌年、寛弘五年正月の詠ということになろうが、すでに1番歌にも「正月一日人の許に」とあって、やはり寛弘五年の詠と考えられ、問題となる。配列の上で両者を並べる考え方もあろうが、すでに「正月一日」とあるのに、また改めて「正月一日、梅の花を人のおこせたるに」とするのは不自然でもあろう。ここは同じ挽歌群でも別な歌群と考えたほうがいいのではないか。

また、35番歌は本文に問題がある。そもそも「帰り来るがに」の「がに」は、

桜花散りかひ曇れ老いらくの来むといふなる道まがふがに（古今集・賀、三四九）

泣く涙雨と降らなむ渡り河水まさりなば帰り来るがに（古今集・哀傷、八二九）。

山里に知る人もがなほととぎす鳴きぬと聞かば告げに来るがに（拾遺集・夏、九八）

のように、一般には命令や願望、禁止などの表現を受け、「道が紛れるように」「帰って来るように」「告げに来るように」と、ある種の期待をもって予想する意を表すが、35番歌は、上二句が「いつしかと待たれしものを」と回想の形をとった逆接表現で、内容的にも下句と合致しない。断簡そのものには特に異常は認められないので、もし本文上に何らかのミスがあるとすれば、断簡以前の問題であろう。

むめのかをきみによそへて見るほとにはなの

をりしるみにもあるかな
37 たをれともなにものおもひもなくさます花も
こゝろのみなしなりけり
二月つこもりかたに
38 たれにかはをりても見せんゝめの花なか〱
桜さきぬ《く》ときかすな』

〔所収〕36～』笹波、大成、他

〔通行本文〕むめのはなをみて
36 むめのかを君によそへてみるからに花のをりしるみともなる哉（続九四）
37 たをれともなき《に歟》物おもひもなくさまし花は心のみなし成けり（続九五）
三月晦かたに
38 たれにかはをりてもみせん中〱に桜さきぬと我にきかすな（続九六）

〔整定本文〕［梅の花を見て］
36 梅の香を君によそへて見るほどに花の折知る身にもあるかな
37 手折れども何もの思ひも慰まず花も心のみなしなりけり
二月つごもりがたに
38 たれにかは折りても見せむ梅の花なかなか桜咲きぬと聞かすな』

〔現代語訳〕［梅の花を見て］

36　この梅の香を、亡き宮さまの袖の香にそっくりだと思って見るほどに、はじめて、花の時期が来たことを知る身になりました。

37　この梅を手折るけれど、どうしてもの思いも慰まないのかしら。花もこちらの気持ち次第、心の持ち方でどうにも変わるものだったのですね。

二月末頃に

38　この梅の花を折っても一体誰に見せましょう。せっかく折っても誰も見せる人はいません。桜が咲いたなどとなまじ私には聞かせないでくださいね。

〔他出〕　38続千載集・春上、六九／万代集・春上、一九九

〔語釈〕　36　**○君によそへて**　「よそふ」は、この場合下二段活用。他のものと較べる、なぞらえる、関係づける、あるいは、かこつける。たとえる。事寄せる、などの意。「よそふれど君におくれて折る花は匂ひも見えず墨染めにして」（続集切、4）。

37　**○みなしなりけり**　「みなし」は、そう思って見ること。気のせい。思い込み。偏見でものを見るその結果。「なりけり」ははじめて気がついた、という驚きの表現。実は……だったのだ。

38　**○たれにかは折りても見せむ**　誰に折って見せようか、折っても見せる人はいない。「かは」は反語。**○なかなか**　通常予想されることとは違うことが強調される場合に用いる語。なまじ。かえって。むしろ。

〔補説〕　36番歌は、亡き師宮が生前身に薫きしめていた香は梅の香に近いものだったのだろう。古今集に、

宿近く梅の花植ゑじあぢきなく待つ人の香にあやまたれけり（春上、三四）

梅の花立ち寄るばかりありしより人のとがむる香にぞしみぬる（春上、三五）

などとあるように、梅の香に近い香を薫きしめることはよくあったらしい。当時は恋人同士、お互いに袖の香を熟知し、袖の香によっても恋人の判別は可能だったのである。

この三首は梅の花を通して偲ぶ帥宮挽歌群。直前の33〜35番からは榊原家本とまったく同じ配列で次の39番まで歌が並ぶ。

39
さくらのおもしろけれは
はな見るにか許もの、かなしくはの
へに心をたれかやらまし

40
こひしさはせんかたもなしはなみれと
それになくさむことこそありけれ

41
しぬはかりいきてたつねむほのかにもそ
こにありてふことをきかはや

〔所収〕 39詞〜』予楽院、大成
〔通行本文〕 桜のいとおもしろきをみて
39 花みるにかはかりもの、悲しきはのへに心をたれかやらまし (続九七)
40 (ナシ)
つきひにそへてゆくゑもしらぬこ、ちのすれは
41 しぬはかりゆきてたつねんほのかにもそこにありてふことをきかはや (続五七)
〔整定本文〕 桜のおもしろければ
39 花見るにかばかりものの悲しくは野辺に心をたれかやらまし

40 恋しさはせむかたもなし花見れどそれに慰むことこそありけれ
41 死ぬばかり行きて尋ねむほのかにもそこにありてふことを聞かばや』

〔現代語訳〕 桜が見事なので

39 桜の花を見るとこれほどもの悲しく思われるのだったら、誰がわざわざ野辺に出て心を慰めたりするでしょうか。

40 恋しいということはどうしようもありません、花を見るけれど。それに慰むことがあったのですね。

41 私はもう死ぬほどです。あの世に行って尋ねましょう。あまりはっきりしないものでもいい、宮さまがいまここにいらっしゃるということを聞きたいものです。

〔他出〕 ナシ

〔語釈〕 39 **○ものの悲しくは** もの悲しく思われるのだったら。形容詞の連用形+係助詞の「は」は、順接仮定条件を示す。「わが庵は三輪の山もと恋しくはとぶらひ来ませ杉立てる門」（古今集・雑下、九八二）。〔補説〕参照。**○野辺に心をたれかやらまし** 誰が野辺に心をやり、そこで心やりをしようか、するはずがない。「やらまし」は、「野辺に」と、「心を」と、両者を受ける。「心をやる」は、心を快適にする、気持ちを慰める、気を晴らす、などの意。「たれか」の「か」は反語。

40 **○せむかたもなし** しようと思ってもする方法がない。「せむ」は、サ変動詞「す」の未然形に推量の助動詞「む」の連体形、ここは仮想。**○花見れど** 花を見るけれど。逆接なので、初・二句と倒置の関係にあると考えて解した。**○それに慰むことこそありけれ** それに慰むことがあったのだ。いま気がついた、という気持ちであろう。「それ」は花を見ること。

41 **○死ぬばかり** 死ぬほどだ。「行きて尋ねむ」にかかると考えるのは不自然か。一応初句切れと考えて解した。**○ほのかにも** 形容動詞「ほのかなり」は、音や形などが定かでない様子、はっきりしない様子をいう。**○そこに**

ありてふ　具体的にどこそこにいるという。「先立ちし人はいづくへ行きゐつつそこにありてふ訪れもせぬ」（殷富門院大輔集、一九六）。

〔補説〕　この断簡は榊原家本本文にくらべてかなり異同のはげしい箇所である。

まず40番歌は断簡本文にのみ見える特有歌で、他のどの文献にも見いだせない。また41番歌は、榊原家本でもやはり帥宮挽歌群には属しているが、まったく異なるところに位置し、しかも「月日に添へて行方も知らぬ心地のすれば」という詞書を有している。断簡本文のように「桜のおもしろければ」という詞書のもとにある歌につづくものとして解するよりは、ずっと理解しやすい形になっている。

しかし39番歌の本文はどうか。榊原家本には二、三句に「かばかりもの丶悲しきは」とあり、これまでも解釈の上から『続集全釈』や『文庫』において「かばかりもの丶悲しくは」の誤りか、とされてきたところだが、断簡本文ではまさに「悲しくは」となっている。断簡本文の出現によって「悲しきは」が誤りであったことが証されることとなった。

42

いのちあらはいかさまにせんよをしらぬむし
たにあきはなきにこそなけ
よのなかをおもひすつましきさまにし
てことなる事なきをとこのもとよりわれ
にすてよといひたるに

43

しらくものしらぬやまちをたつぬともたに

のそこにはすてしとそおもふ』

〔所収〕　42〜』手鑑「谷水帖」、笹波、大成、他

〔通行本文〕　又ひとりことに

42 いのちあらはいかさまにせんよをしらぬむしたに秋はなき○《に歟》こそなけ（続一〇一）

よのなかをおもひはなれぬへきさまをき丶てことなる事なきおとこの我にをすてよといひたるに

43 （続集一〇六デハ「しらくもの」の歌ハナク、「たぐひあらば」トイウマッタク異ナル歌ガ入ル。〔補説〕参照）

〔整定本文〕　〔また、独り言に〕

42 命あらばいかさまにせむ世を知らぬ虫だに秋はなきにこそなけ

世の中を思ひ捨つまじきさまにして、殊なることなき男のもとより、われに捨てよ、と言ひたるに

43 白雲の知らぬ山路を尋ぬとも谷のそこには捨てじとぞ思ふ』

〔現代語訳〕　〔また、独り言に〕

42 もし、まだ命があって生きながらえることができたらどうしましょう。人の世のつらさを知らない虫でさえも秋はただひたすら鳴いていることですよ。

この世を捨てることが出来そうもない様子に受け止めて、格別どうということもないつまらない男のもとから、どうせなら俺のところへ捨ててくれ、と言ってよこしたので

43 たとえ白雲の漂うような知らない山路を尋ね歩いたとしても、谷の底、あなたのようなところに身を捨てるなんてとても考えられませんわ。

〔他出〕　42千載集・雑中、一〇九五

〔語釈〕　42 **〇世を知らぬ**　この世のことを知らない。『続集全釈』『文庫』は「世」を狭い意味での男女の仲と解す

る。**○虫だに秋は**　虫でさえ秋という季節は。まして私は……、という気持ち。1番歌の補説でも述べたが、帥宮が亡くなったのは寛弘四（一〇〇七）年十月二日で、この挽歌群が詠まれたのはその翌年のことと思われるから、当該歌は寛弘五年の秋を迎えるころの詠なのであろう。**○なきにこそなけ**　動詞を二つ並べた強調表現「なきになく」に、さらに強めの意を表す係助詞「こそ」を添えた形で、「なけ」は「こそ」を受けて已然形。あの虫でさえもただひたすら鳴いていることだ、ましてや宮さまを喪った私がもしこのまま生きながらえたとしたら、やはり泣くよりほかに仕方がないのだろう、の意。

43**○世の中を思ひ捨つまじきさまにして**　この世をとても捨て去ることが出来そうもない様子にして。式部のことを「殊なることなき男」がそう見ているというのであろう。〔補説〕参照。**○殊なることなき男**　格別どうということもない男。特に何の取り柄もない男。**○白雲の**　同音により「知らぬ」を導き、同時に、白雲の漂うような奥深い山路を意味する。**○谷のそこには**　谷の「底」に、あなたの意の二人称代名詞「そこ」を掛ける。人間としての魅力が感じられないあなたなんかには、という意。**○捨てじとぞ思ふ**　捨てまいと思う。「じ」はここでは打消の意志を表す。

〔補説〕　43番歌に該当する部分は、榊原家本では次のような形になっている。

よのなかをおもひはなれぬべきさまをきゝて、ことなる事なきおとこの、我にをすてよといひたるに
たぐひあらばとはんと思ひし事なれどたゞいふかたもなくぞ悲しき（続一〇六）

詞書と歌とが内容的にまったく合致せず、本断簡における本文のほうが当然ながら正しいのであろう。ただし詞書の内容は、榊原家本では「よのなかをおもひはなれぬべきさまをきゝて」とあって、式部が出家してしまいそうな様子であるのに対し、断簡本文では「世の中を思ひ捨つまじきさまにして」とあり、本来なら出家遁世でも考えなくてはならないのに、なかなか踏ん切りがつかない状態、とでも読める本文になっている。宮に先立たれて悲しみの中にいるという状況を考えると、断簡本文はややわかりにくいように思う。なお榊原家本本文に見える「たぐ

ひあらば」の歌は、現段階では収拾された断簡群の中に見いだされていないが、やはり挽歌群の一首と見てよいのであろう。もし今後当該部分を含む断簡が見いだされたら、当然、他の詞書を伴っているはずである。

見つけてやるとて

44 ねもたえてあしのをふしもかたを見て』
□□たのうみはおもひやらなむ

かたらふ人のひさしうおとつれぬをおな
しおもひのころ

45 なくさめむかたもなけれはおもはすにいきたり
けりとしられぬるかな

ふの殿、おほんもとに

46 さるめ見ていけらしとこそおもひけれあ』

〔所収〕　44詞〜』全集　44下句〜』笹波、大成、他

〔通行本文〕　御禊のありしみあはすへき事なんありとて人のこひたるやらんとてもとむるになけれは
もとむれとあとかたもなしあしたつはくものゆくゑにましりにしかは（続一〇四）

みて、やるとて

44 ねもたえすあしのをふらんかたをみ本ノマ、（続一〇五）

45　かたらふ人のおともせぬにおなしおほん思のころ
なくさめんかたのなけれはおもはすにいきたりけりとしられぬる哉〔続一〇七〕

46　又人に
さるめみていけらしとこそおもふらめ哀しるへき人もとはぬは〔続一〇八〕

46　おなしころふのとのに
さるめみてよにあらしとやおもふらんあはれをしれる人のとはぬは〔正二三四〔補説〕参照〕

〔整定本文〕

44　見つけて、やるとて
ねも絶えであしのをふしもかたを見て』□□たの海は思ひやらなむ

45　語らふ人の久しう訪れぬを、同じ思ひのころ
慰めむ方もなければ思はずに生きたりけりと知られぬるかな

46　傅《ふ》の殿のおほんもとに
さる目見て生けらじとこそ思ひけれあ』〔はれを知れる人の訪はぬは〕

〔現代語訳〕

44　〔以前は見つからなかった襪を〕見つけて、送ってやるということで
いつまでも声をあげて泣いて、宮さまのおみ足の形を伝えているこの襪を見ては涙を流している、その涙の海を思いやってほしいのです。

45　親しくしている人が長いこと訪ねてくれないので、やはり同じ喪に服しているころ
あなたにお便りをする以外慰めようと思っても慰める方法もないものですから、ついお便りをして、思いがけないことに、私がまだ生きていたのだとあなたに知られてしまうことです。

46　傅《ふ》の殿の御もとに
あんなに悲しい目にあって、とても生きてはいられないだろうと思ったことでした。それなのに、〔あなたの

ように、人の情けがよくわかっておられる方が訪ねて来てもくださらないなんて。」

〔他出〕　ナシ

〔語釈〕　44**○見つけてやるとて**　榊原家本によれば、襪（したうづ）という布製の、現代風に言えば靴下のようなものを見つけて送ってやろうとして、ということになる。〔補説〕参照。**○ねも絶えで**　いつまでも声を絶やさずに。「音も絶えで」に「根も絶えで」を掛ける。**○あしのをふしも**　「あし」は「足」と「芦」の掛詞。「をふしも」は不審。榊原本に「を(生)ふらん」とあり、その本文によった。**○かたを見て**　「かた」は「形」と「潟」の掛詞。「根」「生ふ」「潟」は「芦」の縁語。**○□□たの海は**　すでに鈴木一雄、清水文雄両氏も述べておられるが、歌の内容から考えて「□□たの海」は「なみだの海は」であろう。〔補説〕参照。**○思ひやらなむ**　思いやってほしい。「なむ」は未然形接続で、あつらえ望む意を表す終助詞。

45**○語らふ人**　一般的には男女関係に用いられるが、ここは単に親しい友人の意か。**○同じ思ひのころ**　「思ひ」はここでは喪に服すること。「女の親の思ひにて山寺に侍りけるを、ある人のとぶらひつかはせりければ、返事によめる」（古今集・哀傷、八四四詞書）。**○知られぬるかな**　知られてしまったことだなあ。「れ」は受身の助動詞「る」の連用形。

46**○傅《ふ》の殿**　「傅」はかしずく意。律令制では皇太子の補導役である東宮傅をいう。ここでは三条天皇の皇太子時代に傅だった藤原道綱（九五五〜一〇二〇）を指す。道綱は摂政藤原兼家の次男で、母は蜻蛉日記の作者として有名な人である。一方、帥宮は兼家女超子を母とするから、道綱の甥に当たり、そうした関係もあって、おそらく帥宮の生前から和泉式部も何らかの形で交流があったのであろう。**○さる目見て**　あのような目にあって。ここでは帥宮との死別をいう。**○生けらじとこそ思ひけれ**　生きてはいられないだろうと思ったことだった。「ら」は存続の助動詞「り」の未然形、「じ」は打消の推量の助動詞の終止形。〔通行本文〕の欄に示したように「思ひけれ」は榊原家本では「おもふらん」と推量形になっている。その場合は、訪ねて来てくださらないのはとても私が生きてはいられまいと思っていらっしゃるからだろうか、の意となる。

〔補説〕 44番歌は、断簡が非常に細分化されて前半が失われてしまったため、「見つけてやるとて」は何を見つけてやるのかが不明だが、〔通行本文〕欄に示したように、榊原家本（続一〇五）では、その前の歌（続一〇四）と連続した形になっており、それによると、亡き帥宮の襪（したうづ）を他から乞われて探したが、その折は見いだし得なかったのが見つかった、その襪を、の意であることがわかる。ただし榊原家本における続一〇五番歌は残念ながら下句を欠いている。それに対して「□□たのうみはおもひやらなむ」という下句からはじまる断簡が別にあり、その断簡が44番歌のつづきであるという確実な保証は今のところまだないが、つづく歌順が榊原本の歌順に近いこと、また「□□たのうみ」は〔語釈〕欄で述べたようにおそらく「なみだの海」であろうから、「海」が「芦」「潟」とある上句に照応すると考えられることもあって、表現面からも、この下句が榊原家本では失われてしまった下句であろうと見てよいのではないかと思われる。

また46番歌は、続集だけではなく正集にも存し、正集では次のような歌のつづきになっている。

　帥の宮失せ給ひてのころ

かるもかき臥す猪の床のいを安みさこそ寝ざらめかからずもがな（正二三三）

　同じころ、傅の殿に

さる目見て世にあらじとや思ふらむあはれを知れる人の訪はぬは（正二三四）

要するに「帥の宮失せ給ひてのころ」とある歌につづいて、「同じころ、傅の殿に」とあり、正集の面からも「帥宮」の亡くなった折の贈答とわかる。しかも続集では単に「又人に」とあるのみだが、正集では「傅の殿に」とあり、やはり「傅の殿」に送った歌と知られる。なお、正集における帥宮挽歌はこの箇所のみである。

47 みてもいけりとならは
　おほんふくなるころこの月のあかさは
　見るやといひたれは
48 なくさめんことそなかりしすみそめのそて
には月のかけもやとらす
　御ふくぬくとて
49 かきりあれはふちのころもはぬきすてしなみ』

〔所収〕　47下句〜』予楽院、大成

〔通行本文〕　田舎なる人にかくものおもふよしなといひやりて
47 いかてかはたよりをたゝにすくすへきうきめをみてもしなすとならは（続一〇九）
　おほむ服になりしころ月のあかきはみきやとあるに
48 なくさめんことそ悲しきすみ染の袖には月のかけもとまらて（続一一一）
　おほんふくぬきて
49 かきりあれはふちの衣はぬきすてゝ涙の色をそめてこそきれ（続八五）

〔整定本文〕　［田舎なる人に、かくもの思ふよしなど言ひやりて
47 いかでかはたよりをただに過ぐすべき憂き目を］見ても生けりとならば
　御服なるころ、この月の明かさは見るや、と言ひたれば
48 慰めむことぞなかりし墨染めの袖には月の影も宿らず

御服脱ぐとて

49 限りあれば藤の衣は脱ぎ捨てしなみ』［だの色を染めてこそ着れ」

〔現代語訳〕［田舎にいる人に、こんな風にもの思いをしているということなどを言ってやって

47 あなたはどうして、せっかくいいつてがある時に、それを無駄に過ごしたりなさるのでしょう。私がこんなつらい目」にあってもまだ生きていると聞いたなら、ひとことあってもいいのではないかしら。

宮さまの喪に服していたころ、この月の明かるいのは見ていますか、とある人が言ってよこしたので

48 慰めようと思っても慰めようがなかったのでした。私のこの喪服の袖には月の光もとどまってはくれないのです。

宮さまを悼んで着ていた喪服を脱ぐということで

49 限りがあるので、これまで着ていた喪服は脱ぎ捨て、これからは私の涙［で染めた着物を着ることですよ。」

〔他出〕ナシ

〔語釈〕47 **○いかでかは** 「ただに過ぐすべき」にかかる。どうして……無駄に過ごしたりするのだろうか。せっかくの機会を無駄にしないでほしいという気持ち。**○たより** 頼みとなるもの。頼みとするもの。縁故。よるべ。ついで、よい機会。ここは都への便。**○憂き目** つらい目。帥宮に先立たれたことをいう。46番歌にも「さる目見て生けらじとこそ思ひけれ」とあった。**○生けり** 生きている。「り」は存続の意を表す助動詞の終止形。

48 **○御服** 「服」は「ぶく」と濁音。喪服、あるいは喪に服すること。ここは帥宮の喪に関係するので「御服」という。**○墨染めの袖** 薄墨色の衣服の袖。喪服、あるいは僧衣をいう。

49 **○御服脱ぐ** 喪服を脱ぐ。亡くなった帥宮のための服喪期間が終わったことを意味する。**○限りあれば** 一定の限度があるので。服喪期間は、たとえば「服喪令」によれば、天皇、父母、夫の場合は一年、祖父母の場合は五か月、兄弟姉妹の場合は三か月などと決まっているが、和泉式部の場合は正式の夫婦関係ではなかったので、おそら

くもっと簡単なものであったろう。**○藤の衣**　喪服をいう。「限りあれば今日脱ぎ捨てつ藤衣果てなきものは涙なりけり」（拾遺集・哀傷、一二九三）。**○脱ぎ捨てし**　「し」は回想の助動詞「き」の連体形だが、なぜここで連体形が用いられているか、不可解。榊原家本続集では「ぬきすてゝ」とある。「し」は「ゝ」の誤りか。**○なみだの色**　紅涙、血涙などの意から、一般に赤い色をいう。「文の上に、朱といふものをつぶつぶとそそぎかけて、涙の色、など書きたる人の返り事に／くれなゐの涙ぞいとどうとまるるうつる心の色に見ゆれば」（紫式部集、三二）。

〔補説〕　いわゆる甲類に属する断簡は現段階ではこれが最後となるが、最末尾でないことは49番歌の下句が途中で切れていることによってもわかる。ただし49番歌は詞書に「御服脱ぐとて」とあり、いわゆる服喪期間が終わった時の詠である。榊原家本と違って断簡の甲類だけに限ってみれば、1番歌からこの49番歌まではすべて帥宮挽歌によって占められている。今後も新しい断簡の発掘はつづくであろうが、甲類の断簡には帥宮挽歌以外の歌はない可能性が大きいのではないだろうか。49番歌につづく断簡が見いだされたとしても、おそらくあと一、二葉で終わりであろう。

乙　類

いなりまつ見るをむなくるまのありけるを
その人なめりとある君たちのいひけるをき
きてまつりみけるくるまのまへよりこのをとこの
すくるほとゆふにかけてさしいたす

50
いなりにもいはるときゝしなきことを今日そたゝす
のかみにまかする
かへしいみしうあらかひたれは』

〔**所収**〕　50詞〜』　笹波、大成

〔**通行本文**〕　稲荷祭みる女車のありけるをその人なめりと或君達のいひけるをきゝて祭みる車の前よりおとこのす
くるほとにゆふにつけてさしつれ

50　いなりにもいはるときゝしなき事を今日そたゝすのかみにまかする（続三七三）

返しにいみしうあらかひたれは

かみかけてきみはあらかふ誰かさはよるへにたまるみつにいひけん（続三七四）

いなりまつりみしにかたはらなるくるしきさまのちまきなととりいれてまろかくるまにとりいれしときむ
のふの少将くら人の少将いひけると聞しを一日まつりみるとて車のまへをすくる程にゆふかけてとりいれ
させし

50 いなりにもいはひと聞しなき事をけふはた丶すのかみにまかする（正一〇七）

〔整定本文〕 稲荷祭見る女車のありけるを、その人なめり、とある君達の言ひけるを聞きて、祭見ける車の前よりこの男の過ぐるほど、木綿《ゆふ》にかけてさし出だす

50 稲荷にも言はると聞きしなきことを今日ぞ糺すの神にまかする

返し、いみじうあらがひたれば』

〔現代語訳〕 稲荷祭を見る女車があったのを、車の主はだれそれのようだ、とある君達が言ったのを聞いて、その後賀茂の祭を見ていた私の車の前をこの君達が通り過ぎる時、木綿にかけてさし出した

50 稲荷祭の際にも言われたと聞いたありもしないことを、今日こそは、それが本当かどうか、糺すの神におまかせしてはっきりさせたいものですわ。

その君達の返事は、ひどくさからっていたので』

〔他出〕 ナシ

〔語釈〕 50**〇稲荷祭** 断簡本文には「稲荷まつ」とあるが、「稲荷まつり」の誤りであろう。〔通行本文〕欄に示すように、榊原家本では正集においても続集においても「稲荷祭」あるいは「いなりまつり」とある。「稲荷祭」は京都伏見にある稲荷神社の祭礼。毎年四月上の卯の日に行われた。**〇女車** 女の人が乗っている車。車に構造上の違いがあるわけではなく、簾の下から衣の袖口や裾を出していることによって、その車の主が女性であるとわかり、また、その衣装の良し悪しから女性のセンスまでもが判断された。**〇その人なめり** だれそれのようだ。具体的には実際の名前、ここでは和泉式部の名を言ったのであろうが、敢えてぼかした言い方。「たれぞと問ひければ、その人なり、とぞ答へけるに」（平中物語、二二段）。「なめり」は断定の助動詞「なり」の連体形に推量の助動詞「めり」が伴った形で、本来「なるめり」だが、その音便形「なンめり」の「ン」が無表記。**〇祭** 平安時代の文章で単に「祭」といったら一般に賀茂神社の祭を指す。特にここは次の歌に「糺すの神」ともあり、賀茂神社の祭であ

ることは明らか。賀茂神社の祭は毎年四月、中の酉の日に行われた。稲荷祭より十八日遅い。「四月、祭のころ、いとをかし」（枕草子・正月、一日はまいて）。**〇木綿《ゆふ》** 楮の皮を剥いで裂き、糸状にしたもの。幣《ぬさ》として祭の時などに榊にかけたり、たすきとして用いられたりした。**〇言はる** 言われる。「る」は受身の助動詞の終止形。**〇なきこと** 事実でないこと。身に覚えのないこと。デマ。**〇糺すの神** 京都下鴨神社境内の森を「糺すの森」といい、そこから下鴨神社そのものを「糺すの神」ともいう。和歌ではしばしば偽りを「糺す」という意味に用いられた。「いかにしていかに知らまし偽りを空に糺すの神なかりせば」（枕草子・宮にはじめてまゐりたるころ）。

（詞）**〇あらがひたれば** 「あらがふ」は、相手の言い分に対して否定し、抗弁する意。

〔補説〕 同じ歌は榊原家本の続集にも正集にもあるが、正集がくわしい。正集によると、稲荷祭の日、和泉式部の傍らの車が粽などを取り入れて食べていたらしいのだが、それを公信の少将が式部のことと誤解していろいろ言い立てた。たまたま今度は賀茂祭の日にその公信が式部の車の前を通り過ぎたので、式部が言いかけた歌という。それに対して続集には、

返しにいみじうあらがひたれば

とだけあって、公信の返歌はなく、改めて式部の、

神かけて君はあらがふ誰かさはよるべにたまるみつにいひけむ（続三七四）

という反論の歌が載っている形になっている。断簡本文も、現存するのは詞書だけだが、

返し、いみじうあらがひたれば

とあるので、おそらく続集本文と同じ形なのだろうと想像される。しかし正集には次のように、どこかごまかしているような、逃げているような、公信の弁明の歌があり、それに対して改めて式部が「神かけて」という抗議の歌を詠んだ形になっている。相手の「ある君達」の名と、「あらがひたれば」の具体的な内容とがわかるわけである。

返し

何ごとと知らぬ人にはゆふだすき何か糺すの神にかくらむ（正一〇八）
　と言ひたれは、みてぐらのやうに、紙をして書きてやる
神かけて君はあらがふたれかさはよりべにたまるみつといひける（正一〇九）

またおなしことかたらふ女方たちのもとに
51 たなはたにおとる許のなかなれとこひわたらし
なかさゝきのはし
七月八日男のもとにやるとてよませし
52 いむとてそ昨日はかけすなりにしを今日ひこ
ほしの心ちこそすれ』

〔所収〕 51～』笹波、大成

〔通行本文〕 又同事かたらふ女ともか許に

51 織女にをとるはかりのなかなれはこひわたらしなかさゝきのはし（続三八一）
　八日男の女許（ママ）にやるとてよませし
52 いむとそ（ママ）きのふはかけすなりにしを今日ひこほしの心地こそすれ（続三八二）

〔整定本文〕 また、同じごと、語らふ女房たちのもとに

51 たなばたに劣るばかりの仲なれど恋ひわたらじなかささぎの橋
　七月八日、男のもとにやるとて詠ませし

52 忌むとてぞ昨日はかけずなりにしを今日彦星の心地こそすれ』

〔現代語訳〕 また、同じように、親しくしている女房たちのもとに

51 私たちの間柄は、そもそも一年に一度しか逢えないという織女星にも劣るほどの仲だけれども、だからといって、このまま恋いつづけ、かささぎの橋を渡ってやっと逢いに行くというようなことはしないつもりですよ。

七月八日、男のもとにやるということで私に代作させた歌

52 七夕伝説のように一年に一度しか逢えなくなるようでは困ると思って、昨日は口にしませんでしたが、今日はやはりもう逢いたくて逢いたくて、まるで彦星のような気持ちがすることですよ。』

〔他出〕 ナシ

〔語釈〕 51 **〇たなばたに劣るばかりの** 「たなばた」は織女星のこと。牽牛星（彦星）とは一年に一度しか逢えないという中国伝来のいわゆる七夕伝説による。私たちの間柄はそれ以下だという。**〇恋ひわたらじな** 恋いつづけることはないだろうよ。「じ」は打消の推量、ここは打消の意志を表す。「な」は詠嘆の終助詞。「嘆かじな遂にすまじき別れかはこれはある世にと思ふばかりぞ」（後拾遺集・雑二、九二八）。なお「わたる」は他の動詞について、時間的、空間的にある幅を持つ意。ここは時間的に、ずっと……つづける。また「かささぎの橋」の縁で「渡る」意も併せ持つ。**〇かささぎの橋** 中国の伝説では、七月七日の夜、一年に一度の逢瀬のため、織女星がかささぎの作った橋を渡って天の川を越え、牽牛星のもとに行くという。しかし日本では、おそらく通い婚等の風習から、男性である牽牛星が天の川を渡って織女星のもとに逢いに行くように変化したとされる。

52 **〇男のもとにやるとて詠ませし** 代作歌だが、歌の表現に「今日彦星の心地こそすれ」とあるので、どう考えてもこれは男歌である。〔通行本文〕欄の榊原家本続集に見られるように、「男の、女許にやるとてよませし」とありたい。**〇忌むとてぞ** 忌み嫌うということで。牽牛と織女のように一年に一度という関係になっては困るということが前提になっている。**〇昨日はかけず** 七夕伝説の当日である昨日は口に出しては言わずに。

〔補説〕現存断簡では前後の状況がわからないが、榊原家本本文では次のようになっている。

月のいと明かき夜、初めて女にやるとて、男の詠ませし
人知れぬ心のうちも見えぬらむかばかり照らす月の光に（続三七九）
近き所に語らふ人ありと聞きて、いひやる
天の川同じわたりにありながら今日も雲ゐのよそに聞くかな（続三八〇）
また、同じごと、語らふ女どもが許に
織女に劣るばかりの仲なれば恋ひわたらじなかささぎの橋（続三八一）
八日、男の女許にやるとて詠ませし
忌むとてぞ昨日はかけずなりにしを今日彦星の心地こそすれ（続三八二）
男の、女のがり行きて、え逢はで帰り来て、つとめてやるとて詠ませし
ここながら恋ひは死ぬともそこまではいかずぞかねてあるべかりける（続三八三）

要するに、三七九、三八二、三八三番の三首は、いずれも「詠ませし」とあって、男から依頼され、女のもとに送る歌を代作していることになる。その間の三八〇、三八一の二首も、そうしてみるとやはり代作の可能性が大きいのではないか。51番歌の「語らふ女房たちのもとに」も男の立場の歌と考えれば納得がいく。いわば代作歌群中の歌ということになる。

53

しのふれとしのひあまりぬいまはたゝかゝり
またいきて
えてさらにあはしなといひてのち

けり君なをそたつへき
　おなしやうなる人に
54 ひとゝはゝなにゝよりてそこたふへき
あやしきまてもぬるゝそてかな』

〔所収〕 53詞～』 大成

〔通行本文〕 今はたえてあはしなといひてのちもまたいきあひて
53 しのふれと忍ひあまりぬいまはたゝかゝりけりてふなをそたつへき（続三八八）
　おなしやうなる人に
54 人とはゝなにゝよりとかこたへましあやしきまてもぬるゝ袖哉（続三八九）

〔整定本文〕 えてさらに逢はじ、など言ひてのち、また行きて
53 忍ぶれど忍びあまりぬ今はただかかりけり君名をぞ立つべき
　同じやうなる人に
54 人問はば何によりてぞ答ふべきあやしきまでも濡るる袖かな』

〔現代語訳〕 今はもう二度と決して逢うまい、などと言ったあとで、また行って逢い
53 今まで忍びに忍んでいたのですけれど、どうしても忍びきれなくなりました。今はもう、こういうことだったと、あなた、評判を立ててしまいましょう。
　同じような状況の人に
54 もし人が尋ねたらどういう言い訳で答えたらいいでしょう。本当にわけがわからないほど涙で濡れる袖ですこ

と。』

〔他出〕ナシ

〔語釈〕53○**えてさらに逢はじ**　断簡なので前半が切れている可能性があろう。このままでは意味がとりにくい。通行本文欄に示した榊原家本本文には「今はたえてあはし」とあるが、もし断簡の前半が失われているとすれば、二文字や三文字分ではなく、一行分が失われているはず。しかし現状では如何ともしがたく、一応、榊原家本に従って「今は絶えてさらに逢はじ」で解釈しておく。今はもう二度と決して逢うまい。「絶えて」も「さらに」も一般に打消の語を伴って、少しも、全然、一向に、決して、などの意を表す。○**忍びあまりぬ**　忍んでも忍びされない。「夕暮は忍ひあまりぬありけりと思はむことを思ふものから」（和泉式部続集、五七二）。○**かかりけり**　「かくありけり」の約。こういうことだった。二人が恋愛関係にあったということ。○**名をぞ立つべき**　「名を立つ」は評判を立てる。評判を立ててしまおう。

54○**人問はば**　その涙は何ですかともし人が尋ねたら。○**何によりてぞ答ふべき**　何によって答えよう。どういう言い訳で答えよう。

〔補説〕いずれも忍ぶ恋の歌である。相手は不明。ごく初期の帥宮との関係もまったく考えられないわけではないが、「浮かれ女」（正集一二五番詞書）と道長に揶揄された式部のことである。日記にも帥宮以外の男の影がいろいろとちらつく。54番の「同じやうなる人に」というのは、当然、53番の相手とは違うということを意味しているのであろう。多くの男性とこうしたやりとりをしていたのだと考えられる。

みちのくにといふ所よりきたるをとこの
まつ人のもとにはこてほかより返を

きゝてたひのきぬなとしてやるとて
　をむなのよませし

55 たひころもきてもか許つらけれとたち
返ことおもふへきかな

56 こゝなからなみこすめりとみちのくに人をそ』

〔所収〕 55詞～』大成

〔通行本文〕 陸奥と云所よりきたるおとこのまつ人のもとへはいかてほかよりかへるを聞てたひのきぬなとしてやるとて女のよませし

55 旅衣きてもかはかりつらけれとたちかへりことおもふへきかな（続三九二）

56 （ナシ）

〔整定本文〕 陸奥といふ所より来たる男の、待つ人のもとには来で、ほかより帰るを聞きて、旅の衣《きぬ》などしてやるとて、女の詠ませし

55 旅衣《ごろも》きてもかばかりつらけれど立ち帰り来《こ》と思ふべきかな

56 ここながら波越すめりとみちのくに人をぞ』

〔現代語訳〕 陸奥という所から戻って来た男が、待っていた妻のもとには帰らないで、ほかから帰って来たという話を聞いて、外出用の着物などを調えて送るということで、その妻が私に詠ませた

55 せっかくお帰りになって来られても、これほどつらい態度をおとりになって、それでも私はすぐにでもこの着物を着て、私のもとに帰ってきてくださいと思ってしまいそうですわ。

56 この都にいながら、あなたが「あだし心」を持っているようだと見て、陸奥に、人を』（以下不明）

〔他出〕 ナシ

〔語釈〕 55 **○陸奥といふ所より来たる男**　陸奥守として赴任していた男が帰って来たことをいうのであろう。「陸奥」は、今の東北六県のうち、出羽国である山形、秋田の二県を除く、福島、宮城、岩手、青森の四県をいう。また「といふ」という言い方は、話には聞いているがくわしくはわからない、あるいはわからないふりをする場合に用いる。**○待つ人**　陸奥守の妻で、赴任先には同行せず、都に残った女性であろう。**○旅の衣**　外出する時に着るもの。「旅」は、普段住むところから離れ、一時的によそに行くことをいう。必ずしも現代でいう旅行を意味しない。**○旅衣**　ここは「き（着）」を導く枕詞。**○きても**　「着ても」に「来ても」を掛ける。**○立ち帰り来《こ》と**　断簡本文は「たち返こと」とあるが、「たちかへる|こと」ではなく、榊原家本や歌の意味内容から「たちかへり|こと」と読み、「こ」を「来（く）」の命令形ととった。私のもとに帰って来てくださいと。「立ち」に「裁ち」を掛け、「着」「裁ち」は「衣」の縁語。

56 **○ここながら**　「ここ」は都を指す。**○波越すめりと**　「君をおきてあだし心をわが持たば末の松山浪も越えなむ」（古今集・東歌、一〇九三）を踏まえる。末の松山は絶対に波が越えることはないけれど、もし私が「あだし心」を持ったなら、そのあり得ないことが起こるでしょう、要するに、末の松山を絶対に波が越えることはないのだが、それと同じくらい、私は絶対に浮気心を持つことはない、という歌なのだが、ここは「波越すめり」と言っているので、「あだし心」を持っているようだ、という意味になる。**○みちのくに**　末の松山は陸奥国の歌枕であり、男が陸奥帰りなので用いた。なお下句が欠けているのではっきりしないが、「波越すめりと見」と、「みちのくに」の「み」の部分が掛けられているか。

〔補説〕 56番歌は他のどこにも見えない、いわば断簡特有歌であるが、内容的には55番と共に詠まれたものであろうことは、たとえば「みちのく」の語が用いられ、陸奥国関係の「波越すめり」が用いられていることからも判断できる。なお、式部の前夫橘道貞は寛弘元（一〇〇四）年陸奥守となり、その時点ですでに他の女性を伴っているが（御堂関白記）、帰って来てもすでに式部との関係は途絶えてしまっていたらしい（断簡70番参照）。しかし「陸奥といふ所より来たる男」というのはこの家集においては道貞以外には考えにくいし、『続集全釈』が余説の項で、「女の詠ませし」などと、そらとぼけてゐるが、道貞が帰京して来た時に彼女自身がした事か、あるいは、したいと思った事ではなかろうか。
と述べているのは首肯できるように思われる。

57
そこもと、すきのたちとを、しへなむ
たつねもゆかんみ□の山もと
くれにこんといひたるをとこに

58
おほろけのひとはこえこぬくみかきをいく
へした覧ものならなくに
あめのいたうふる日しのひたる人のも
とよりようさりはかならすといひたるに

59
ぬれすやはしのふるあめといひなから
なほこのくれはさはりやはせぬ
ひとのもとよりとほき所へ行にと、むへき

かたもなけれはた丶にくき事と
いひおこせたるに
60 いと丶しくと丶めかたきはひた道にをしまれぬ
みのなみたなりけり』

〔所収〕 57〜』予楽院、大成　59〜』笹波、大成、他

〔通行本文〕 かたらふ人の山里になむいくと云たるに
57 そこもと丶すきのたちとをしへなむ尋もゆかんみわの山もと（続四〇一）
くれにこんといひたる男に
58 おほろけの人はこえこぬくみかきをいくへしたらんものならなくに（続四〇二）
雨のいたくふるに忍ひたる人のもとよりようさりはかならすといひたるに
59 ぬれすやは忍ふる雨といひなからなを（ママ）くれはわすれやはする（続四〇三）
人のもとより道にと丶むへきかたのなけれはた丶に聞事と云たるに
60 いと丶しくと丶めかたきはひたみち○《の》おしまれぬみの涙成けり（続四〇四）

〔整定本文〕 ［語らふ人の、山里になむ行く、と言ひたるに］
57 そこもとと杉の立ちどを教へなむ尋ねも行かむ三輪の山もと
暮に来む、と言ひたる男に
58 おぼろけの人は越えこぬ組み垣を幾重したらむものならなくに
雨のいたう降る日、忍びたる人のもとより、ようさりは必ず、と言ひたるに』

59 濡れずやはしのふる雨と言ひながらなほこの暮は障りやはせぬ

人のもとより、遠き所へ行くに、とどむべきかたもなければただ憎きこと、と言ひおこせたるに

60 いとどしくとどめがたきはひた道に惜しまれぬ身の涙なりけり』

〔現代語訳〕 〔親しくしている人が、山里に行きます、と言ったので〕

57 どこそこと、具体的にあなたのいらっしゃる所を教えてほしい。そうしたら尋ねても行くでしょう。三輪の山もとだって。

日暮れのころに行きますよ、と言ってよこした男に

58 私の家は、いい加減の気持ちの人は越えてこない、厄介な組み垣を幾重にも備えているようなものではないのに。どうぞ、ご遠慮なく。

雨のひどく降る日、こっそりとつきあっている人のもとから、夕方には必ず、と言ってよこしたので』

59 濡れてしまうに違いありませんわ。この土砂降りの雨、人目を忍ぶ仲の雨、とは言うものの、やはりこの夕暮は差し支えがありますわ。

人のもとより、遠い所へ行くのですが、それをとどめる方法もないのでただ腹立たしいことです、と言ってよこしたので

60 遠い所へ行くのをとどめることもむずかしいのかもしれませんが、それよりも一層とどめがたいのは、一途に惜しいとも思われていない、別れてゆく身の涙だったのでした。』

〔他出〕 60万代集・恋三、二二五二

〔語釈〕 57**〇語らふ人** 親しくつきあっている人。稀に同性の場合もあるが、一般には親しい異性、特に恋愛関係にある異性をいう場合が多い。**〇そこもと** そのあたり、そこの辺。「（小君ハ、薫ノ手紙ヲ、几帳ノモトニイル浮舟ノ）そこもとに寄りて奉りつ」（源氏物語・夢浮橋）。**〇杉の立ちど** 「立ちど」は、立っている所。「ふたもとの杉の立ち

どを尋ねずは布留川のべに君を見ましや」（源氏物語・玉鬘）。〔補説〕参照。**○教へなむ**　教えてほしい。「なむ」は、ここはあつらえ望む意を表す終助詞。**○三輪の山もと**　断簡本文は「み□の山もと」と二字めが読みにくい形になっているが、榊原家本文からいっても、歌の内容からいっても、「みわの山もと」と読んで差支えないであろう。三輪山の麓の里の意。三輪山は大和国の歌枕。現在の奈良県桜井市。〔補説〕参照。

58**○暮に来む**　夕方に行こう。「来む」は、待つ身の立場からの言い方という。「今来むと言ひしばかりに長月の有明の月を待ち出でつるかな」（古今集・恋四・六九一）。**○おぼろけの人**　通常、否定的表現を伴って（ここでは「越えこぬ」）、並一通りの人、ありきたりの人（は越えこぬ）。「年頃、おぼろけならむ人は見じ、とのたまひて」（源氏物語・東屋）。**○組み垣**　竹や木を汲んで作った垣根。**○ものならなくに**　ものではないのに。「なくに」は打消の助動詞「ず」のク語法「なく」に、助詞「に」が添えられた形。「つれづれと空ぞ見らるる思ふ人天降り来むものならなくに」（和泉式部正集・八一）。

59**○ようさり**　夜になるころ。夕方。宵。「今日なむとて、ようさり見えたり」（蜻蛉日記・天禄二年）。**○濡れずやは**　濡れないか、濡れるに違いない。「やは」は反語。**○しのふる雨**　雨が激しく降る意の「しの降る」に「忍ぶる」を掛ける。「憂きことをしのふる雨の下にしてわが濡れ衣は干せど乾かず」（小町集I、七二）。**○障りやはせぬ**　障りはしないか、障害があるに違いない。この「やは」も反語。榊原家本では「わすれやはする」。

60**○人のもとより**　「と言ひおこせたるに」にかかる。**○遠き所へ行くに、……ただ憎きこと**　〔補説〕参照。**○ひた道に**　ひとつのことを一途に行うこと。ひたすら、ひたむき。離別の歌なので、その縁で「道」の語が用いられているのであろう。**○惜しまれぬ身**　惜しく思われない身。「れ」は受身の助動詞「る」の未然形。「ぬ」は打消の助動詞「ず」の連体形。

〔補説〕　57番歌は、古今集・雑下（九八二）に見える、

　わが庵は三輪の山もと恋しくはとぶらひ来ませ杉立てる門

を踏まえている。そこから、「三輪の山もと」の「杉の立ちど」は恋人のいる場所を意味するようになるが、古今集ではその場所に「とぶらひ来ませ」と言い、式部詠では「尋ねも行かむ」と、逆の立場になっている。「語らふ人」が具体的にどういう人であるかは明らかでないが、当然式部が親しくしていた男性であろう。

58番歌から60番歌はいずれもわかりにくい歌である。特に60番歌は、詞書が榊原家本では、

人のもとより、道にとゞむべきかたのなければ、たゞに聞事、と云たるに

とあり、かなり異なっている。旅立つのは誰なのか。榊原家本では「遠き所へ行くに」がなく、「ただに聞くこと」と「人」が言って来ているので、式部のようにも思えるが、断簡本文では「遠き所へ行くに」があり、「ただにくき（憎き）こと」とあるので、言ってよこした「人」自身のようにも思える。一応そう考えて、歌は、式部がその「人」の立場に立って詠んだものとみて試解した。

61

五月許にねぬになくさむといひ
たるに
まとろまてあかすとおもへはみしかよも
いかにくるしきものとかはしる

62

よひのま物なとあひていひたる人の
もとよりつとめてそてのなかにやと
いひたるに』
ひとはいさ我たましひは、かもなきよひの

ゆめちにあくかれにけむ
さらによにあらんかきりはわす
れしといひたる人に
63 ほとふへきいのちなりせはまことにやわす
れはてぬとみるへきものを
をとこのよへのほかけにいとよくなむみ』
てしといひたるに
64 けさのほときてみるともありなましの
はれぬへきほかけなりせは
なてしこのかれたるにつけて心かは
りたるなとうらむるをとこに
65 いろみえてかひなきものは花ならぬこゝろのう
ちのまつにさりける』

〔所収〕 61詞〜』笹波、大成　62〜』笹波　64詞〜』笹波、大成

〔通行本文〕 五月はかりねぬなくさむといひたる人に

61 まとろまてあかすとおもへはみしか夜もいかにくるしき物とかはしる（続四〇五）

62 人はいさわかたましゐははかもなきよひの夢ちにあくかれにけり（続四〇六）
よにあらんかきりはさらにわすれしなといひたる人に
63 ほとふへき命なりせはまことにや忘れはてぬとみるへき物を（続四〇七）
おとこのよへのほとにいとよくなむみてしといひたるに
64 けさのまにきてみる人もありなまし忍はれぬへき命成せは（続四〇八）
瞿麦につけて心かはりたりとみゆるおとこに
65 色みえてかひなき物は花なから心のうちのまつにそ有ける（続四〇九）

〔整定本文〕 五月ばかりに、寝ぬに慰む、と言ひたるに
61 まどろまで明かすと思へば短か夜もいかに苦しきものとかは知る
宵の間、ものなど逢ひて言ひたる人のもとより、つとめて、袖の中にやと言ひたるに』
62 人はいさわが魂ははかもなき宵の夢路にあくがれにけむ
さらに、世にあらむ限りは忘れじ、と言ひたる人に
63 ほど経べき命なりせばまことにや忘れ果てぬと見るべきものを
男の、よべの火影《ほかげ》にいとよくなむ見』てし、と言ひたるに
64 今朝のほど来て見るともありなまし偲ばれぬべき火影なりせば
撫子の枯れたるにつけて、心変はりたる、など恨むる男に
65 色見えで甲斐なきものは花ならぬ心のうちのまつにざりける』

〔現代語訳〕 五月ごろ、「寝ぬに慰む――恋しい人に逢えないばかりでなく、眠れもしない――」と言って来たので

61 まんじりともしないで夜を明かすと思うと、夏の短かい夜も、どんなに長く苦しいものとおわかりですか。

宵の口、いろいろと逢って話をした人のもとから、その翌朝早く、「袖の中にや――まだまだご一緒したかったのに、私の魂はあなたの袖の中に消えてしまったような気がします――」と言ってよこしたので』

62 あなたの魂はさあどうかわかりませんけれど、私の魂は、あのはかない、宵の間の夢のような逢瀬に、ついふらふらとさまよい出てしまったのでしょう。

決して、この世に生きている限りはあなたのことを忘れたりはしないでしょう、と言った人に

63 もし、長生きできる命だったら、本当に、私のことをいつまでも忘れたりはしないかと、きちんと見届けましょうものを。

男が、昨夜の火影、明かりに照らされたあなたのことをしっかりと見』てしまったよ、と言ったので

64 今朝のうちにきっとまた見にやって来てくださる方もあったでしょう。本当に思い出してくださるに違いない火影だったら……。でも、そういう人がいないところみると……。

撫子の枯れたのにつけて、あなたの心が変わった、などと恨み言をいう男に

65 枯れた撫子をお送りくださったけれども、色が見えなくて甲斐のないものは、古歌にいう「人の心の花」ではなくて、「心のうちの松」だったのですね。松は色が変わりませんが、どんなにお待ちしているかお見せできないのが残念です。』

〔他出〕 63玉葉集・恋三、一五二二

〔語釈〕 61 **○寝ぬに慰む** 後撰集・恋二（六七二）「恋ひしさは寝ぬに慰むともなきにあやしくあはぬ目をも見るかな」を引く。恋しさは、寝ないでいると慰められるというわけでもないのに、不思議なことに、恋しい人に逢わない上に、目も合わないことだ。**○まどろまで** うとうとともしないで。**○明かす** 夜を過ごすこと。昼を過ごすことは「暮らす」という。**○短か夜** 昼間は永く、夜は短い、そうした夏の夜をいう。旧暦では、四、五、六月がほ

ぼ夏にあたり、「五月ばかり」は夏の真ん中となる。**○いかに苦しきものとかは知る**　どんなに苦しいものと知っているか。「かは」は疑問。ここは反語的に、知らないのではないか、という気持ちを表す。「歎きつつ独り寝る夜の明くる間はいかに久しきものとかは知る」（拾遺集・恋四、九一二）。

62**○ものなど逢ひて言ひたる**　「ものなど」は「言ひたる」にかかるのであろう。もちろん単に逢って話をしただけではなく、「逢ひて」は関係を持ったことを意味するのであろう。**○袖の中にや**　古今集・雑下（九九二）「飽かざりし袖の中にや入りにけむわが魂のなき心地する」を引く。もっともっと一緒にいたかったあなたの袖の中に入ってしまったのだろうか、私の魂がなくなってしまった気がする。**○人はいさ**　人はさあ……わからない。「いさ」は相手の言葉に対して「さあ……（知らない）」と否定的な応答する場合に用いる語。「人はいさ我は無き名の惜しければ昔も今も知らずとを言はむ」（古今集・恋三、六三〇）。**○わが魂は**　男の引用した「袖の中にや」の歌の中に用いられている「わが魂」をそのまま使用。**○はかもなき**　形容詞「はかなし」はもともと、目当て、目標、などの意を持つ名詞「はか（計）」に、形容詞「なし」が伴ったものなので、その両者の間に強意の助詞「も」が加わった形。**○あくがれにけむ**　「あくがる」は、本来いる場所からふらふらと離れること。さまよい出る。「けむ」は過去の推量の助動詞。

63**○さらに**　下に打消の語を伴う場合（この場合は「忘れじ」）、決して、一向に、全然、などの意を表す。「かうやうのこと、さらに知らざりけり」（土佐日記、二月七日）。**○忘れ果てぬと**　完全に忘れきったりはしないかと。「ぬ」は打消の助動詞「ず」の連体形。「まことにや」の「や」と呼応する。

64**○火影**　灯火の光に照らされた姿や形。「添ひ臥したまへる御火影いとめでたく、女にて見たてまつらまほし」（源氏物語・帚木）。**○来て見るとも**　榊原家本では「きてみる人も」とある。「ひ」を脱しているのであろう。**○ありなまし**　あっただろう。「なまし」は、完了の助動詞「ぬ」の未然形＋仮想の助動詞「まし」の終止形。ここは、下句と上句とが倒置の形で、「せば……まし」となり、反実仮想を表す。もし……だったら……だろうに、の意。

でも実際はそうではないので、その推量は成り立たないことが多い。**〇偲ばれぬべき**　偲ばれるに違いない。「れ」は自発の助動詞「る」の連用形。「ぬべき」は完了の助動詞「ぬ」の終止形＋推量の助動詞「べし」の連体形。ここは当然の意を表す。**〇火影なりせば**　火影だったら。「せば」は、過去の助動詞「き」の未然形（一説にサ変動詞「す」の未然形）＋順接仮定条件を表す接続助詞「ば」。一般に「せば……まし」の形で用いられ、反実仮想を示す。和歌にのみ用いられる。「何事を春の形見に思はまし今日白河の花見ざりせば」（後拾遺集・春上、一一九）。

65**〇色見えで**　色は見えないで。「色見えで移ろふものは世の中の人の心の花にぞありける」（古今集・恋五、七九七）を踏まえる。**〇まつにざりける**　「まつ」は「松」に「待つ」を掛ける。「ざりける」は「ぞありける」のつまった形。これも和歌にのみ用いられる。「照る月の流るる見れば天の川出づる湊は海にざりける」（土佐日記・一月八日）。

〔補説〕　歌順は榊原家本とまったく同じだが、細かな点では本文にかなりの相違がある。

	断簡本文	榊原家本本文
61	ねぬになぐさむ	ねぬなぐさむ
	いひたるに	いひたる人に
62	つとめてそでのなかにやといひたる	つとめていひたれば
	あくがれにけむ	あくがれにけり
64	よべのほかげに	よべのほどに
	きてみるとも	きてみる人も
	ほかげなりせば	命成せば
65	なでしこのかれたるにつけて	瞿麦につけて
	心かはりたるなどうらむるをとこに	心かはりたりとみゆるおとこに
	花ならぬ	花ながら

〔語釈〕や〔現代語訳〕の項でも示したように、ほとんどの箇所で断簡本文のほうが理に適っているように思われる。特に文字の脱落というような単純なミスではない、たとえば「袖の中にや」とか「火影」とかの文言のあるなしはかなり重要な意味を持つかと思われる。

66

八月許夜ひとよ風ふきたるつとめて
いかゝとゝひたる人に
をき風のつゆふきむすふ秋のよはひとりね
さめのとこそさひしき
日に一度かならすふみおこせむと
いひたる人のとはぬころしも心ちあし
くてくらしつまた日おこせすなりぬ』

〔所収〕66詞～』笹波、大成、他

〔通行本文〕八月はかりよひとよ風ふきたるつとめていかゝといひたる人に
66 をき風に露吹むすふ秋の夜は独ねさめのとこそさひしき（続四一〇）
日に一度はかならすふみをこせんといひたるひとのとはぬひしも心地の終日くるしきまたの日とひたるにかくやはとおもふ〳〵そきえなまし今日までたえぬ命成せは（続四一一）
一日もおこたらすおとせんとちきりし人の心ちのあしくおほゆるひしもおともせて又の日おとつれたるにきのふはとて

かくやはとおもふおもふそきえなましけふまてたえぬ命なりせは（正二六三）

〔整定本文〕 八月ばかり、夜一夜、風吹きたるつとめて、いかが、と問ひたる人に

66 荻風の露吹き結ぶ秋の夜はひとり寝覚めの床ぞ淋しき

日に一度、必ず文おこせむ、と言ひたる人の、とはぬころしも、心地悪しくて暮らしつ、また日おこせずなりぬ』

〔現代語訳〕 八月ごろ、一晩中、風が吹いていたその朝早く、昨夜の風はどうでした、と聞いてきた人に

66 荻を吹く風が露を吹き結ぶ秋の夜は、ひとり、眠れないでいる寝床が淋しくてどうしようもありません。

一日に一度、必ず便りをしよう、と言っていた人が、何も言って来なかったちょうどそのころ、気分が悪くて昼日なか一日中過ごした、翌日もよこさなかった』

〔他出〕 66 夫木抄・秋二、四四六八

（詞）万代集・恋三、二三五七

〔語釈〕 **〇八月ばかり** 旧暦では、七、八、九月がほぼ秋にあたる。従って八月は秋の盛り。**〇荻風** 荻吹く風。荻はイネ科の多年草。湿地に群生し、薄に似る。その荻の葉をそよがせて吹く風は秋の景物としてしばしば歌に詠まれた。「荻の葉のそよぐ音こそ秋風の人に知らるるはじめなりけれ」（貫之集I、一〇〇）、「寝覚めねば聞かぬなるらむ荻風に吹くらむものを秋の夜ごとに」（正集、八七七）。**〇露吹き結ぶ** 風が吹いて露を玉のようにする。「荻の葉に露吹き結ぶ秋風もゆふべぞ分きて身には沁みける」（源氏物語・蜻蛉）。**〇暮らしつ** 「暮らす」は昼間を過ごす意。夜を過ごすことは「明かす」という。昼も夜もというときは「明かし暮らす」という。**〇寝覚め** 必ずしも眠っていて目が覚めるのではなく、寝つかれないでいる状態をいう（増田繁夫「歌語『ねざめ』について」大阪市大文学部紀要 平成2）。

（詞）**〇文おこせむ** 手紙を送ろう。「おこす」は、本来、向こうからこちらへよこす意。受け手の立場からの言い

方で、すぐに行こうというのを「今来む」というのと同じ。**○また日おこせずなりぬ**　「また日」は、榊原家本には「またの日（翌日）」とある。「の」脱か。また、「おこせずなりぬ」については、〔補説〕参照。

〔補説〕　伝行成筆切は、必ずしもすべてが一定しているわけではないが、一葉、七、八行書きが多く、この断簡も七行書きである。しかも最後の行末までいっぱいに書いて、「おこせずなりぬ」で切れている。要するにこの詞書は本来ここで切れるのではなく、たとえば「おこせずなりぬれば」とか、「おこせずなりぬるに」とかがあって、さらに別の条件をも含めて文言がつづていた可能性が大きいと考えられる。新しい断簡の出現が待たれるところである。

67

かたらふ人にあひみてのち見そめすは
　といひたるに
のちまてはおもひもかけすなりにけりたゝ時のま
をなくさめしまそ』

〔所収〕　67～』笹波、大成

〔通行本文〕
67　後まてはおもひもあえす成にけりたゝときのまをなくさめしまに（続四一三）　かたらふ人にあひみてのちみそめすはといひたるに

〔整定本文〕
67　後までは思ひもかけずなりにけりただ時の間を慰めし間ぞ』　語らふ人に、逢ひ見て後、見初めずは、と言ひたるに

〔現代語訳〕　関係を持った人に、契りを結んだあとで、いっそのことあなたのことを見初めなかったら、とその人が言ってきたので

67 そんな後のことまで私は思いもかけずに過ごしてしまいました。あの時はただひたすらあなたのお気持ちに添えるようお応えしただけなのでした。』

〔他出〕 ナシ

〔語釈〕 **○見初めずは** もし見初めなかったら。「ずは」は打消の仮定。はじめて関係を持ったあとで、またすぐにも逢いたい、こんな苦しい思いをするのだったら、いっそのこと関係を持たなかったほうがよかった、という気持ち。〔補説〕参照。**○慰めし間ぞ** 「慰め」は下二段活用、他動詞。相手の男の気持ちを慰めた、そうした瞬間だった、という。

〔補説〕 『続集全釈』や『文庫』は「見初めずは」について、後撰集・恋一（五三九）に見える、

見初めずてあらましものを唐衣たつ名のみして着るよなきかな

を踏むとするが、表現もやや違うし、内容的に必ずしも合致しない。敢えて引用と考えなくても解は成り立つのではないか。

68

まふときく日ある人まいりたまへりときゝて
いろ〳〵のはなにこゝろやうつるらんみやまかく［れ］
のまつもしらすて
ひとのもとにいきたりけるをとこ返にや
あらんよりきたるにあはねはわさと《つとめて》』
まいりきたりしを心うくなといひ

たるに

69 よひのまを、きふく風にうらみねとふきか
へさる、たよりとそみし

よそ〳〵になりたるをとこのとほきところよ
りきたるをいか、きくと人のとひたるに

70 きたりともよそにこそきけか、《ら》ころもそのしたかひ』
のいまはつまかは

よふけていつる人に

71 さよなかにいそにもゆくか秋のよのありあけの
月はなのみなりけり

九月許とりのねにそ、のかされてひとの
いてぬるに

72 人はゆき、りはまかきにたちとまりさも』

〔所収〕 68詞～』笹波、大成　69詞～』手鑑「鳳凰台」、笹波、大成　70下句～』予楽院、大成

〔通行本文〕 女院の御まへに秋の花植させ給へりと聞日或人の参給へりと聞にきこえさする

68 色〳〵の花に心やうつるらんみやまかくれのまつもしらすて（続四一五）

人のもとにきたりけるおとこかへるにやありけんよるきたるにあはねはつとめてわさとまいりたりしにう
くなといひたるに
69 宵の間をきのはかせのうらみねと吹かへさるゝたよりとそみし（続四一六）
よそ〳〵になりたるおとこの遠所よりきたるいかゝきくと人のいひたるに
70 （歌ト次ノ詞書ナシ）
71 さ夜中にいそきもゆくか秋の夜を有明の月はなのみ成けり（続四一七）
九月はかりとりのこゑにおとろかされて人のいてぬるに
72 人はゆききりはまかきにたちとまりさもなかそらに詠めつるかな（続四一八）
九月はかりとりのねにそゝのかされて人のいてぬるに
72 人はゆききりはまかきに立とまりさもなか空に詠つる哉（正一八一）

〔整定本文〕 ［女院の御前に、秋の花植ゑさせた］まふと聞く日、ある人参りたまへりと聞きて
68 いろいろの花に心や移るらむみやまがくれのまつも知らずて
人のもとに行きたりける男、帰るにやあらむ、寄り来たるに、逢はねば、つとめて、わざと』参り来たり
しを、心憂く、など言ひたるに
69 宵の間を荻吹く風にうらみねど吹きかへさるるたよりとぞ見し
よそよそになりたる男の、遠き所より来たるを、いかが聞く、と人の問ひたるに
70 来たりともよそにこそ聞け唐衣そのしたがひ』の今はつまかは
夜更けて出づる人に
71 さ夜中にいそにも行くか秋の夜の有明の月は名のみなりけり
九月ばかり、鶏の音にそそのかされて、人の出でぬるに

72 人は行き霧はまがきに立ち止まりさも』［中空に眺めつるかな］

〔現代語訳〕［女院のいらっしゃるご座所の前に、秋の花を植えさせな］さると聞く日、ある方が参上なさっていらっしゃると聞いて

68 さまざまな色の花に心が移っておられるでしょうか。そのほかに深山隠れの松があるのもご存じなくて。秘かにお待ちしている人間がいることもご存じなく、はなやかな美しい女性たちに心が奪われているのではないでしょうか。

他の女のもとに出かけて行っていた男が、そこから帰る途中なのであろうか、私の所に立ち寄って来たので、逢わなかったところ、その翌朝早く、「わざわざお伺いしたのに、逢ってくださらなかったのはつらいことで」などと言ってきたので

69 まだ明るさの残っている宵の間で、私は恨んだりはしませんけれど、きっと、どなたかに帰されたそのついでだと思ったことでした。

離れ離れになっていた男が、遠い所から帰って来ているのを、「どんな気持ちで聞いていますか」とある人が尋ねてきたので

70 たとえ帰って来ているとしても、私にはもう関係ないこととして聞くことです。今は私は彼の意のままになる妻ではないので。

まだ真夜中なのに出て行く人に

71 こんな夜中に急いでもう出て行くのですか。秋の夜長の有明の月はいつまでも空にとどまっているはずなのに、それは実は名ばかりだったのですね。

九月ごろ、鶏の音にそそのかされて、人が出て行ってしまったので

72 とどまってほしい人は出て行き、晴れてほしい霧は垣根のあたりにとどまって、何とまあ、［私はぼんやりと

空を眺めていたことでした。」

〔他出〕 72風雅集・恋二、一一三三

〔語釈〕 68**〇女院** 『続集全釈』は、式部の時代に「女院」と称された人物として、一条天皇の母后である東三条院倫子と、一条天皇の后である上等門院彰子の二人を挙げ、それぞれの可能性についてくわしく検討しているが、式部との関係から考えればやはり彰子と見るべきであろう。**〇ある人** 具体的にはわからないが、「参りたまへり」と敬語が用いられているので、身分の高い人。もちろん男性であろう。**〇いろいろの** 赤やら黄色やらさまざまな色の。単に、種々の、という意味ではない。また「いろいろの花」に、女院のもとに仕えている美しい、はなやかな女性たちをよそえている。**〇みやまがくれのまつ** 式部自身のことをよそえている。「みやまがくれ」に「宮」が、「まつ」には「松」と「待つ」とが掛けられている。

69**〇人のもとに** 他の人、おそらく女性のもとに。**〇帰るにやあらむ** 式部の歌に「宵の間」とあるので、まだ夜が更けておらず、当然ながらそこで夜を過ごしたわけではなく、他の女性に受け入れられずに空しく帰る途中だったのであろう。**〇わざと** わざわざ。何かのついでになどではなく、という意。むろん嘘である。**〇心憂く** つらく思われる。情けなく思われる。逢ってくれなかったことを恨んでいう。**〇荻吹く風に** 66番「荻風」の項参照。やはりここも季節は秋だったのであろう。**〇うらみねど** 「裏見ねど」に「恨みねど」を掛ける。**〇吹きかへさるる** 「吹き返さるる」に「帰さるる」を掛ける。歌一首を「裏見」「吹き返さるる」など、「荻」の葉に関する表現で構成し、男の言い分に反論する。「荻の葉のそよぐごとにぞうらみつる風にかへしてつらき心を」（元良親王集、一三二）。

70**〇よそよそ** 互いにかけ離れている様子。離れ離れ。「たまくしげ身はよそよそになりぬともふたり契りしことな忘れそ」（後拾遺集・雑二、九二三）。**〇来たりとも** たとえ来ているにしても。「とも」は逆接の仮定条件を表す接続助詞。「来たり」に「着たり」を掛けている。**〇したがひの今はつまかは** もう今では「したがひのつま」ではない。「したがひのつま」は、「下交ひの褄」に「従ひのつま（「つま」は、夫や妻、配偶者の意）」を掛けているのであろう。「下交ひ」は、着物の前を重ね合わせた際、内側になる部分をいい、「下交ひの褄」はその端の部分をいう。「従ひのつま」は、従順な配偶者、思いどおりになる配偶者の意か。「唐衣なれにしつまをうち返しわがしたがひになすよしもがな」（蜻蛉日記・天延二年五月）、「嘆き侘び空に乱るるわが魂を結びとどめよしたがひのつま」（源氏物語・葵）。「着たり」「下交ひ」「褄」は「唐衣」の縁語。なお「かは」は反語。

71 **○夜更けて出づる人**　明け方までいないで、真夜中に自分のもとから出て行く人。**○いそにも行くか**　榊原家本では「いそきもゆくか」とある。「に」と「き」はいわゆる変体仮名では紛れやすいので、ここは「いそぎも行くか」の誤写であろう。**○有明の月**　旧暦の二十日頃以降の月。月の出が遅く、明け方まで空に残っている。

72 **○まがき**　柴や竹などで間を広くあけて作った垣根。**○さも**　ここは感動を表す言い方。本当に。いかにも。「あはれ、さも寒き年かな」（源氏物語・末摘花）。**○中空に**　ぼんやりとして足が地につかない様子で。うわの空の状態で。実際の「空」の意もこめる。「初雁のはつかに声を聞きしより中空にのみものを思ふかな」（古今集・恋一、四八一）。**○眺めつるかな**　もの思いにふけったことだ。

〔補説〕　〔通行本文〕欄に示したように、71番歌は榊原家本本文では次のような形になっていて、詞書と歌とが内容的にあわず、これまで疑問とされてきたところである。

よそ〳〵になりたるおとこの遠所よりきたるいかゝきくと人のいひたるに

さ夜中にいそきもゆくか秋の夜を有明の月はなのみ成けり（続四一七）

ところが伝行成筆切では、右の詞書と歌との間に次のような形で別の歌と詞書とが入り、それぞれが内容的に合致し、まったく問題がないことになった。

よそ〳〵になりたるをとこのとほきところよりきたるをいかゝきくと人のとひたるに

きたりともよそにこそきけ《ら》かゝころもそのしたかひのいまはつまかは

よふけていつる人に

さよなかにいそにもゆくか秋のよのありあけの月はなのみなりけり

「よそ〳〵になりたるをとこ」はおそらく最初の夫である橘道貞であろう。正集（一八三）に見える、

去りたる男の遠き国へ行くを、いかが聞くと言ふ人に

別れても同じ都にありしかばいとこのたびの心地やはせし

は道貞が陸奥国守となって赴任する折の詠と思われるものだが、当該歌は帰って来た折のものであろう。同じように「いかが聞く」と人に問われている。世の人の関心というものはなかなか消えないものであろうし、面倒なものである。

なお公任集に、公任の歌に対する返歌として、72番歌の上句とまったく同じ歌が次のように見える。

濡れて帰り給ふとて、うちよりつとめて

飽かで来し袖の雫は秋の夜の月さへ曇るものにぞありける（三九三）

返し

人は行き霧はまがきに立ち止まり曇りながらぞわれは眺めし（三九四）

式部と公任とは同時代人で、正集の九九、一〇一、一〇二、一〇三、一〇五番などに公任は「左衛門督」として登場するが、この返歌が式部のものであるとの確認は今のところ得られていない。

73 あらはこそあらめ

わつらふときく人のもとにあふひにかきて

74 かめやまにありときくにはあらねともおいすしに

せぬゝんくすりなり
あまになりなむといふをしはしなをおもひ
のとめよといふ人に』
75 かく許うきをしのひてなからへはこれより
まさるものもこそ思
よのなかのはかなき事なとよひとよいひ
あかしていぬる人に
76 おきて行人はつゆにもあらねともけさはな
こりのそてもかはかす
をさなきこのあるをみて我こにせんと』

〔所収〕　73～』笹波、大成、他　75～』笹波、大成、他

〔通行本文〕　物なけかしけなるをみて前にいかなる人の心をか見ならひてといふ人に
73 さき〱になにかならはんいまのこと物思ふことのあらはこそあらめ（続四二〇）
わつらふときく人の許にあふひにかきて
74 かめ山にありときくにはあらねともをいすしなすのもゝくすり也（続四二一）
あまになりなむといふをしはし猶念せよといふ人に
75 かくはかり憂を忍ひてなからへはこれに増りてものもこそ思へ（続四二二）

よのなかはかなき事なとよひとよいひあかしてかへりぬるつとめて
76 をきてゆく人は露にはあらねともけさは名残の袖○《も》かはかす（続四二三）
おさなきちこのあるをみてわかこにせんと云人にいとにくけなるうりのあるにかきて
たねからにかくなりにけるうりなれはそのあきゝりにたちもましらし（続四二四）

〔整定本文〕〔もの嘆かしげなるを見て、前にいかなる人の心をか見ならひて、と言ふ人に
73 さきざきに何か慣らはむ今のごともの思ふことの」あらばこそあらめ
わづらふと聞く人のもとに、葵に書きて
74 亀山にありときくにはあらねども老いず死にせぬゝんくすりなり
尼になりなむと言ふを、しばしなほ思ひのどめよ、と言ふ人に』
75 かくばかり憂きを忍びてながらへばこれよりまさるものもこそ思へ
世の中のはかなきことなど、夜一夜言ひ明かして往ぬる人に
76 おきて行く人は露にもあらねども今朝は名残りの袖も乾かず
幼き子のあるを見て、わが子にせむと』〔言ふ人に、いと憎げなる瓜のあるに書きて〕

〔現代語訳〕〔私の憂鬱そうにしている様子を見て、これまでにどういう人の心を見てきてそんな嘆かわしい顔をしているのか、と言う人に
73 以前なんて、何もなじんだりはしていませんよ。今のようにもの思いするようなことが」あったらそれは話は別ですが。
わずらっていると聞いた人のもとに、葵に書いて
74 これは、あの蓬莱山に生えていると聞く、菊ではありませんが、老いもしないし死にもしないという、不老不死の薬なのですよ。

私が、尼になってしまおうと言うのに対して、そんなに慌てずに、しばらくはもう少しゆっくり考えなさい、と言う人に

75 これほどまでにつらいのを我慢してこのまま生きながらえたら、あるいはこれ以上につらいもの思いをするかもしれませんわ。

世の中というものははかないものだ、ということなどを、一晩中語り明かして帰って行った人に

76 起きて出て行くあなたは、置く露というわけでもないのだけれど、今朝はお別れしたあとの名残り惜しさのためか、ずっと袖も乾かないのですよ。

幼い子がいるのを見て、自分の子にしようと［言う人に、大層ぶざまな瓜があったので、それに書いて］

〔他出〕 75新古今集・雑下、一八一一

76玉葉集・恋二、一四四九／万代集・恋三、二二一九

〔語釈〕 73**〇前に** 「前」は、一般的に平安期の用法としては、たとえば「湖を前に見、志賀の山をしりへに見たるところの」（蜻蛉日記・天禄三年二月）などのように、空間的に、前方、の意で用いられるが、稀に、時間的な意味で、以前、の意に用いられることもある。「かうぶり得べき前の年の八月に」（実方集Ⅰ、六四詞書）。ここは、歌の表現に「さきざき」「今のごと」とあるので、やはり、非常に珍しいが、時間的な意味であろう。**〇いかなる人の心をか見ならひて** どういう人の心を見てなじんでか。「いかなる」は「人」にかかるのではなく、「人の心」にかかる。「か」は疑問を表す。「見ならふ」は、しばしば見てなじむ意。**〇さきざきに** 以前に。**〇何かならはむ** どうしてなじむことがあろうか、なじんだりはしない。「何か」の「か」はここでは反語。**〇あらばこそあらめ** もしあるならばあるだろうけれど。もしあるならば話が別だが。「いづこにか立ちも隠れむ隔てたる心の隈のあらばこそあらめ」（続集、二三〇）。今のほうがよほどつらい思いをしているという気持ち。

74**〇葵** 賀茂の祭の際に冠や牛車の簾などに挿して飾りとした植物であるが、その種を薬用としたこともあったら

しく、「我こそや見ぬ人恋ふる病ひすれあふひならではやむ薬なし」（拾遺集・恋一、六六五）などとも詠まれている。「あふひ」は「葵」と「逢ふ日」の掛詞であろう。**○亀山**　中国の伝説上の山で、不老不死の仙人が住むという蓬莱山のこと。「亀山にいく薬のみありければとどむる方もなき別れかな」（拾遺集・別、三三一）。「万劫年経る亀山の、下は泉の深ければ」（梁塵秘抄、三二六）。**○ありときくには**　ありと聞く、その菊では。「きく」が掛詞。**○老いず死にせぬゝんくすりなり**　「ゝんくすり」が不審。何らかの誤写があろう。榊原家本では「もゝくすり」とする。現代語訳は「ゝん」の部分を除いて解した。「老いず死にせぬ」は、老いもしないし、死にもしない、要するに不老不死の薬だ、の意。

75**○思ひのどめよ**　下二段活用動詞「思ひのどむ」の命令形。「思ひのどむ」は、ゆっくり考える、心を落ち着かせる、のんびり過ごす、などの意。**○ものもこそ思へ**　もの思いをするかもしれない。「もこそ」は悪い事態が起こることを予測して、そうなったら困るという気持ちを表す。

76**○夜一夜**　一晩中。夜通し。「九月ばかり夜一夜降り明かしつる雨の、今朝はやみて」（枕草子・九月ばかり夜一夜降り明かしつる雨の）。**○往ぬる人に**　榊原家本では「かへりぬるつとめて」とあり、式部が「世の中のはかなきことなど」を一晩中語り明かして帰って来たようにとれるが、「往ぬる人に」だと逆で、このほうが自然でもあり、わかりやすい。この「人」は当然ながら男性である。**○おきて行く**　「起きて行く」に「（露を）置きて」を掛ける。**○名残りの袖**　別れの心残りを惜しむ袖。「問はばやないかなる夢か見たる夜の名残りの袖のかくは濡るると」（風葉集、九一六）。

（詞）**○幼き子**　具体的に誰を指すのかは不明だが、77番の歌で「たね（種）からに」と言っているので、何らかの形で式部に縁のある子であろう。

〔補説〕　当該断簡の末尾にある詞書と、次の断簡の冒頭にある歌、すなわち77番歌とは実はつづくのである。榊原家本では、

おさなきちこのあるをみてわかこにせんと云人にいとにくけなるうりのあるにかきて
たねからにかくなりにけるうりなれはそのあきゝりにたちもましらし

となっていて、内容的にも齟齬がない。しかし断簡では、詞書の部分が、

をさなきこのあるをみて我こにせんと

で切れている。一葉七行書きで末尾は行末まで書いているのでそのつづきの部分、榊原家本でいうと、

云人にいとにくけなるうりのあるにかきて

の箇所は次の断簡の冒頭に来るはずなのだが、現状では見当たらない。歌の表現にも「うり（瓜）」が出てくるのでこの箇所は本来なければならないところである。伝来の過程で中途半端な詞書は邪魔なものとして切断されてしまったとも考えられるが、次の断簡も間違いなく七行存するので、特に切断も考えにくい。あるいは次の断簡は八行書きだったのであろうか。問題のある箇所である。

77 たねからにかくなりにけるうりなれはその秋
き《に》りたちもましらし

あか月にとりのなくをきゝていつる人に
78 いつしかときゝける人にひとこゑもきかする
とりのねこそつらけれ

よへあめのいたうふりしかはえいかすなりにしといひたるに』

79
ひとならはいふへきものをまつほとにあめふるとてはさはるものかは

80
ひとのもとよりえいかすなといひたるに
なこそとはたれをかいひしいはねとも心にす□るせきとこそみれ

ものへまうつとてさうしするをとこたちなからきてあふきとす〻と□とし』

〔所収〕 77〜』笹波、大成、他　79〜』笹波、大成、他

〔通行本文〕
77 たねからにかくなりにけるうりなれはそのあき〻りにたちもましらし（続四二四）
暁に鳥の鳴を聞ていつる人に
78 いつしかとき〻ける人に一声もきかする鳥のねこそつらけれ（続四二五）
よへは雨のいたうふりしかはいかすなりにしと云たる人に
79 人ならはいふへき物をまつほとに雨ふるとてはさはるものかは（続四二六）
人のもとよりえいかぬ事なといひたるに
80 なこそとは誰かはいひしいはねとも心にすふるせきとこそみれ（続四二七）
物詣とて精進したる男たちなからきて扇と念珠とをおとしたるとりにをこせたるやるとていかてかはひろふたましもをちつらんあふきてふなはいたつらにして（続四二八）

〔整定本文〕

77　種からにかくなりにける瓜なればその秋霧にたちもまじらじ

暁に、鶏の鳴くを聞きて出づる人に

78　いつしかと聞きける人に一声も聞かする鶏の音こそつらけれ

よべ、雨のいたう降りしかば、え行かずなりにし、と言ひたるに』

79　人ならば言ふべきものを待つほどに雨降るとては障るものかは

人のもとより、え行かず、など言ひたるに

80　なこそとは誰をか言ひし言はねども心に据うる関とこそ見れ

ものへ詣づとて精進する男、立ちながら来て、扇と数珠と落とし』［たる、取りにおこせたる、やるとて］

〔現代語訳〕

77　種のせいで、こんなふうにみっともない瓜になってしまったので、秋霧の立つころ、とても他の瓜に立ち交じることはないでしょう。親が親ですもの、不出来な子で、せっかくのお言葉ですが、これから人並みにつき合っていくことはむずかしいでしょう。

まだ暗いうちに、鶏が鳴くのを聞いて帰って行く人に

78　もっといてほしいのに、早く鳴かないかと待ちわびるようにして聞いたあの人に、たった一声でも聞かせる鶏の声がつらいことです。

昨夜、雨がひどく降ったので、行くことが出来ませんでした、と言って来たので

79　もしあなたが人並みの男だったら言って聞かせましょうに。私がこれほど待っているのに、雨が降るからといってそんなことが障害になるものでしょうか。

人のもとより、行くことが出来ない、などと言って来たので

80来るな、なんて誰のことを言ったのかしら。そんなことを私は言わないのだけれど、きっとあなたの心の中に据えた関所、何らかのわだかまりがあるのではないかと私は見たことでした。

物詣でをするということで精進をする男が、潔斎中なので立ったまま用事を済まし、扇と数珠とを落とし［て行った、それを取りに使いをよこしたので、返してやろうとして］

〔他出〕

78新千載集・恋三、一四一〇

80玉葉集・恋三、一五五〇／万代集・恋二、一九八一

〔語釈〕 77**○種からに**　接続助詞の「からに」は、平安期では一般に「吹くからに秋の草木のしをるればむべ山風をあらしといふらむ」（古今集・秋下、二四九）のように、活用語の連体形につく。ここは「種」という体言に接続しているので、種のために、種のせいで、の意で、「から」は格助詞、「に」は断定の助動詞「なり」の連用形であろう。**○瓜なれば**　前掲断簡の76番歌につづく詞書参照。榊原家本に見える「いと憎げなる瓜のあるに書きて」を踏まえ、「幼き子」を「いと憎げなる瓜」にたとえる。**○秋霧に**　瓜の収穫は秋。「名のみにぞ狛のあたりの瓜つくりただ秋霧の立つをこそ見れ」（正集、三三五）。**○たちもまじらじ**　立ち交じることはないだろう。立ち交じることは出来ないだろう。「たち」は、「たちまじる」の接頭語「たち」に、「霧」や「瓜」が「立つ」を掛ける。「瓜」が「立つ」は、瓜が成熟する意。「いかにせむ　なりやしなまし　瓜立つまでにや　らいしなや　さいしなや　瓜立つま　瓜立つまでに」（催馬楽・山城）。「わが子にせむ」と言う人に対する遠慮の言葉であろう。

78**○暁**　夜明け前のまだ暗い時刻。やや明るくなってからは「曙」という。**○いつしかと聞きける人**　いつか早く鳴かないかと鶏の声を待ち望んで聞いた人。「いつしかと」は、これから起こることについては、いつになったら、早く、と待ち望む気持ちを、すでに起こったことについては、いつの間にか、早くももう、という気持ちを表す。ここは、まだ暗いうちから早く帰りたがっているような男を皮肉っていう。**○鶏の音**　夜明けを告げるものという認識がある。

79 **〇よべ**　昨夜。ゆうべ。**〇え行かず**　行くことが出来ない。「え」は副詞。打消の語（ここでは「ず」）を伴って不可能の意を表す。**〇人ならば**　もし人だったら。相手の男性を一人前の人間として見ていない、あるいは見ていないふりをする言い方。**〇障るものかは**　障害になるか、なるはずがない。「かは」は反語。

80 **〇なこそ**　来るなという意の「な来そ」と、関の名の「勿来」とが掛けられている、「勿来の関」は常陸国と陸奥国との国境、現在の福島県いわき市にあった関所。歌ではほとんど「な来そ」と掛けて用いられる。「吹く風をなこその関と思へども道もせに散る山桜かな」（千載集・春下、一〇三）。**〇心に据うる**　断簡では一部が欠けていてはっきりしないが、「心にすくる」のように見える。ただし「関」を詠んだ歌なので、榊原家本や玉葉集などの本文に従って「据うる」を採用した。

（詞）**〇ものへ詣づ**　物詣でをする。寺社に参詣したり参籠したりすること。**〇精進する**　熱心に仏道修行に励むこと。あるいは仏道修行をする前に身を清め、心を慎むこと。ここは後者。**〇立ちながら**　立ったまま。たとえ精進中でも、あるいは穢れに触れた身でも、何らかの所用があるとき、建物内に上がらずに立ったまま行うのはよいとされたらしい。「内裏より御佩刀持てまゐれる頭中将頼定、今日、伊勢の奉幣使、帰るほど、のぼるまじければ、立ちながらぞ、たひらかにおはします御有様奏せさせたまふ」（紫式部日記・中宮御産）。**〇扇と数珠と落としたる**　断簡本文では「あふきとすゝと□とし」と、虫損のため文字一字分不明確だが、榊原家本により「あふきとすゝとおとし」と「お」を補った。

〔補説〕　この歌群には、当時、式部がつき合っていたであろう男たちが何人も登場する。「暁に鶏の鳴く」のを聞いて、そそくさと出て行った男、「よべ、雨のいたう降りしかば、え行かずなりにし」などと言い訳をして来なかった男、また、単純明快に「え行かず」などと言って、やはり来なかった男。それらの男たちは同一人物なのか、それともそれぞれに皆違うのか。また、すでに式部との関係が知られている橘道貞、弾正宮為尊親王、帥宮敦道親王、あるいは藤原保昌などなのか、それともまったく別人なのか。具体的には一切不明というよりほかはないが、これらのやりとりを見ても、彼女の「浮かれ女」ぶりは十分見てとれるであろう。

81
春月のあかき夜いとしくいりふ
して
ぬるほどもしはしもなけきやまるれは
あたらこよひの月をたにみす

82
ものにまうてたるにいとたう
とく経よむ法師のあるをきゝて』
ものをのみおもひのいへをいてゝ
こそ心のとかにのりもきゝけれ』

〔所収〕 81詞〜』 大成　82〜』 大成

〔通行本文〕 春月のあかき夜いとゝしくいりふして
81 ぬるほとのしはしもなけきやまるれはあたらこよひの月をたにみす（続四四三）
ものにまうてたるにいとたうとく経よむ法師のあるに
82 ものをのみおもひのいゑをいてゝこそのとかにのりのこゑも聞けれ（続四四四）

〔整定本文〕 春、月の明かき夜、いとどしく入り臥して
81 寝るほどもしばしも嘆きやまるればあたら今宵の月をだに見ず

ものに詣でたるに、いと尊く経よむ法師のあるを、聞きて』

82 ものをのみ思ひの家を出でてこそ心のどかに法も聞きけれ』

〔現代語訳〕 81 寝ている間がしばらく自然と嘆きがおさまるので、普段よりも一層奥まったところで横になって春、月の明かるい夜、普段よりも一層奥まったところで横になっていることです。

物詣でをしたところ、大層尊い感じでお経を読む法師がいるのを、聞いて

82 普段はもの思いをするばかり、そうした煩悩に満ちた生活から抜け出て来たからこそ、こうして心のどかに読経の声も聞いたことです。

〔他出〕 82続後拾遺集・釈教、一二七五／万代集・釈教、一七二三

〔語釈〕 81 ○寝るほども 「も」が不審。榊原家本では「の」とあり、一応榊原家本本文に従って解した。○いとどしく 断簡本文では「いとしく」とあるが、榊原家本では「いと、しく」とある。これは明らかに「、」が脱していると見て訂正した。一層。○やまるれば 自然とやむ感じになるので。「るれ」は、自発の助動詞「る」の已然形。「ば」は順接確定条件を表す接続助詞。○あたら 形容詞「あたらし」の語幹。ここは連体詞的に、惜しい、もったいない、の意に用いられている。「あたら夜の月と花とを同じくはあはれ知れらむ人に見せばや」（後撰集・春下、一〇三）。

82 ○ものをのみ思ひの家を 「ものをのみ思ひ」と「火の家」の掛詞。ひたすらもの思いしてばかりいる、そうした火の家。「ものをのみ思ひの家を出でてふる一味の雨に濡れやしなまし」（続集、六一四）。なお「火の家」については〔補説〕参照。

〔補説〕 82番歌の「火の家」は、法華経譬喩品に「三界無安　猶如火宅」と見える「火宅」を訓じたものである。煩悩や苦しみに満ちた三界を燃えさかる家にたとえ、その家に遊び戯れる子供たち（一切衆生）を、父親（仏陀）が、

門の外に牛、羊、鹿などが引く車があると言って誘い出し、大きな白い牛の車（一乗）を用意して無事に救ったという。歌や歌謡に、

世の中に牛の車のなかりせば思ひの家をいかで出でまし（拾遺集・哀傷、一三三一）

幼き子どもはいとけなし　三つの車を請ふなれば　長者はわが子の愛（かな）しさに　白牛（びゃくご）の車ぞ与ふなる（梁塵秘抄、七二）

長者の門（かど）なる三つ車　羊鹿（ひつじしし）のは目も立たず　牛の車に心がけ　三界火宅を疾く出でむ（梁塵秘抄、七六）

などと詠まれている。

83

かたゝかへにいきて夜ふかきあか月にいつとて

あはれともいはまし物を人のせしあか月おきはくるしかりけり

〔所収〕83～』手鑑「月台」、笹波、大成、他　当断簡ハ85、95下句ナドト切リ接ギガサレテイル。**口絵**②ナラビニ〔補説〕参照。

〔**通行本文**〕かたゝかへにいきて夜ふかきにかえる《ママ》とて

83　あはれともいはまし物を人のせしあかつきをきはくるしかりけり（続四四五）

〔**整定本文**〕方違へに行きて、夜深き暁に出づとて

83　あはれとも言はましものを人のせし暁起きは苦しかりけり』

〔現代語訳〕 方違えに行って、まだ暗いうちにその家を出ようとして

83 大変なのね、とでも言って差上げればよかったわ。あの人の経験した暁起きというものはこんなにも苦しいものだったのだ。

〔他出〕 ナシ

〔語釈〕 83 **○方違へ** 陰陽道による考え方で、これから行こうとする方角に、たとえば天一神(なかがみ)とか太白神(ひとよめぐり)とかがいる場合、その方角を避け、前夜、別の所に泊まって、方角を変えてから目的地に行くこと。**○夜深き暁** 夜が更けてからまだ明るくなる前。「夜更け」も「暁」もほぼ同時刻である。「わが背子を大和へやると小夜更けて暁(あかとき)露にわが立ち濡れし」(万葉集、一〇五)。**○言はましものを** 言えばよかった。「まし」は、現在の状況と反対の状況をまず仮想して、その仮定のもとで推量する気持ちを表すのが本来の用法。助動詞、ここは連体形。「ものを」は終助詞。「ましものを」で、……ばよかったのに、の意。「くやしくぞ後に逢はむと契りける今日を限りと言はましものを」(大和物語・一〇一段)。**○暁起き** まだ暗いうちに起きること。女のもとに人目忍んで通う男は大抵こうした暗いうちに起きて帰って行った。「宵ごとに帰しはすともいかでなほ暁起きを君にせさせじ」(和泉式部日記、三二)。

〔補説〕 東京国立博物館蔵手鑑「月台」に押されている当該断簡は、次のように八行書きだが、丹念に見ると、実は罫線で区別したように紙継ぎがなされている(口絵②参照)。内容的には、最初の一首はきちんと整っているが、次の一首は上句と下句とがばらばらである。要するに、詞書と上句との部分は85番(榊原家本続集によると四四七番)の詞書と上句とであり、下句は95番(榊原家本続集によると四六七番)の下句なのである。たまたま手もとにあった断簡の切れ端を寄せ集めにした後人のさかしらであろうが、本書では本来の形に戻し、それぞれを適当と思われる箇所において掲出した。

83
かたゝかへにいきて夜ふか
きあか月にいつとて
あはれともいはまし物を人のせし
あか月おきはくるしかりけり

85
をむなともたちの二三人ものかたり
するをよそにみやりて
かたらへはなくさみぬ覧人しれす

95
そをぬれきぬとひともみるへく

あめのいといたうふる夜人のき』
ていみしうぬれたれはなむかへ
りぬるといひたるに

84
つれ〳〵となかめくらせるから衣
きてもしほらてぬるといふとも』

〔所収〕84詞～』全集　84詞～』全集

〔通行本文〕　雨のいたうふるひ人のきていみしうぬれたるはなんかへりぬるといひいれたれは

84　つれ〳〵と詠くらせる衣てをきてもしほらてぬるといふらん（続四四六）

〔整定本文〕　雨のいといたう降る夜、人の来て、いみじう濡れたればなむ帰りぬる、と言ひたるに

84　つれづれとながめ暮らせる唐衣きても絞らで濡るといふとも』

〔現代語訳〕　雨が大層ひどく降る夜、人がやって来て、ひどく濡れたのでもう帰ってしまいます、と言ったので

84　ぼんやりと、この長雨の中でもの思いにふけりながら過ごしている私の着物も涙で濡れている、せっかく来ても絞ってもくださらないで、ご自分が濡れているとおっしゃっても。

〔他出〕　ナシ

〔語釈〕　84**〇濡れたればなむ帰りぬる**　濡れたので帰ってしまう。「ぬる」は係助詞「なむ」を受け、助動詞「ぬ」の連体形。「ぬ」はいわゆる完了ではなく、……てしまう、きっと……する、という意で、強調する気持ちを表す。「渡し守、はや舟に乗れ、日も暮れぬ、と言ふに」（伊勢物語・九段）。**〇ながめ暮らせる**　「ながめ」はもの思いをする意の「眺め」に「長雨」を掛ける。「暮らせる」は四段活用動詞「暮らす」に存続の意を示す助動詞「り」の連体形が伴った形。**〇きても絞らで**　「きても」は「来ても」に「着ても」を掛ける。「着ても」は「唐衣」の縁語。**〇濡るといふとも**　たとえ濡れると言ったとしても。「とも」は逆接の仮定条件接続助詞。ここは実際に「いみじう濡れたれば」と言ったのを受けているので、確かに言いましたよね、たとえ言ったとしても、という言い方。いわば修辞上の仮定である。

〔補説〕　わかりにくい歌だが、「いみじう濡れたればなむ帰りぬる」と言った男の言葉を受けて、あなたが濡れているからといって、一日中もの思いにふけっていた私の袖も濡れているのよ、それをどうしてくれるの、といった気持ちで詠んだ歌と解した。

をむなともたちの二三人ものかたり
するをよそにみやりて

85 かたらへはなくさみぬ覧人しれす』
わか思ことをたれにいはまし

たひなる所にあるころひと、ころな
りしはらからのもとよりひとりき
けはうくひすの声もいとあはれに
なんきこゆるといひたれは

86 かすみたつたひのそらなるうくひ
すはきこえもせよと思てそなく』

〔所収〕 85詞〜』 手鑑「月台」、笹波、大成、他　85下句〜』 大成

〔通行本文〕 女ともたちのふたりみたりとものかたりするをみやりて

85 かたらへはなくさみぬらん人しれすわか思ふ事を誰にいはまし（続四四七）

たひなりしところにありしころひと、ころなりしはらからのもとよりひとりきけは鶯のこゑもいとあはれになむといひたるに

86 霞たつたひの空なる鶯のきこえもせよと思ひしもせし（続四四八）

〔整定本文〕 女友達の二三人物語りするをよそに見やりて

85 語らへば慰みぬらむ人知れず』わが思ふことをたれに言はまし

旅なる所にあるころ、一所なりしはらからのもとより、独り聞けば、うぐひすの声もいとあはれになむ聞こゆる、と言ひたれば

86 霞立つ旅の空なるうぐひすは聞こえもせよと思ひてぞ鳴く』

〔現代語訳〕 女友達が二三人で話し合っているのを離れて遠くから見ていて

85 あんな風に語らっているのであの人たちはきっともう気分が和らいでしまっていることでしょう。その点私は人知れず悩んでいることを一体誰に話したらいいのかしら。

自宅を離れてよそで生活していたころ、これまで一緒に住んでいたきょうだいのもとから、独りで聞くと、うぐいすの声も大層しみじみと聞こえることです、と言ってきたので

86 それはそうですよ。霞たなびく空の旅をしている最中のうぐいすは、聞こえてほしいと思って鳴いているのです。私の声が届いたのではないでしょうか。

〔他出〕 ナシ

〔語釈〕 85 **〇女友達** 具体的には不明。〔補説〕参照。**〇よそに見やりて** 「見やる」は遠くから見ること。「夕暮れに遠き桜を見やりて」(正集、六八一詞書)。ここは女友達のお喋りに参加せず、離れて遠くから見ているのであろう。**〇語らへば** 語らっているので。「語らへ」は已然形なので「ば」は順接の確定条件を示す。主語は女友達。**〇慰みぬらむ** 気分がまぎれてしまっているだろう。「ぬらむ」は完了(強め)の助動詞「ぬ」の終止形に現在推量の助動詞「らむ」が伴った形。……てしまっているだろう。「霧立ちて雁ぞなくなる片岡の朝の原は紅葉しぬらむ」(古今集・秋下、二五二)。

86 **〇旅なる所** 自宅以外の場所。「旅」は、普段住むところから離れ、一時的によそに行くことをいう。必ずしも現代でいう旅行を意味しない。式部は親に勘当され、一時親族と別居していた時期があったらしいが、ここもその

ことと関係があるか。98番歌参照。**○一所なりしはらから** 同じ所に住んでいたきょうだい。「はらから」は式部の場合、おそらく姉妹であろう。〔補説〕参照。**○霞立つ** うぐいすに関係する春の景。**○旅の空なるうぐひすは** 現在の作者自身の状況を託す。

〔補説〕 和泉式部正、続集には、右のほかに、「女友達」の例は、

語らふ女友達の、世にあらむ限りは忘れじと言ひしが、音もせぬに（正一七八）

早う語らひし女友達の、近き所に来てあるを見て（続四三一）

などがあり、「はらから」の例は、

扇張らせてはらからたちにこころざすとて（正二四〇）

人知れず思ふことあるを、はらからにかくなむ言ふとて（正六九八）

親、はらからなど、同じ所、俄にほかほかになりて後、尊きことするに言ひやる（正七一七）

日頃ほかにて、はらからのもとに来たるに、ふともえ逢はで、異方にゐたるに（正七二二）

親など言ふことありければ、忍びてはらからどもなど、昔ありしやうにて物語りする、あはれにおぼゆれば（正七四八）

いと暑きころ、扇ども張らせて、ほかなるはらからどものがりやるとて（続二八九）

ほかなるはらからのもとに、いと憎さげなる瓜の、人の顔の形になりたるに書きつけて（続三五四）

はらから、田舎へ下るに、扇などやうのものやるとて（続三九〇）

などがある。「女友達」についてはくわしいことはわからないが、「はらから」については「はらからたち」「はらからども」などとあるところをみると、明らかに複数いたことが知られ、おそらくすべて女きょうだい、すなわち姉妹だったろうと推定されている。赤染衛門集Ⅰには、

挙周、雅致が女にもの言ひそめてほどもなう御嶽に詣でて、帰りては、京にしてしばしもなくて下りたり

しかば、いみじくてやらせし
心にもあらでぞ嘆く吉野山君をみたけの程なかりしを（一九四）
また後に
出でて来し道のまにまに花薄招く宿のみかへりみぞせし（一九五）
返し、姉の和泉式部
とまるべき心ならねば花薄ただ秋行くとまたせ[本]ぞ見し（一九六）
とあることによって、大江雅致に娘が何人いたかは不明なものの、一人は式部の妹であったことが確実である。
また、尊卑分脈、源為理女「中将（大斎院選子内親王女房）」の項には、「母大江雅致女」とあり、「中将」の活躍時期から考えて、その「雅致女」は式部の姉ではないかとも考えられている（吉田幸一「和泉式部と彼女の姉一家の人々をめぐって」平安文学研究、第六十六輯）。

三月許にいし山へまうつと
て人のもとに

87 こゝろしてわれもなかめむをり〳〵はおも』
ひおこせよ山のさくらを
ひころありて返覧とおもふに
ものうくおほゆれは

88 みやこにはいくへかすみかへたつ

覧おもひたつへきかたもしられす
ひころ花おもしろきところに
あかすけふほかへいくとて』

〔所収〕　87詞～』手鑑「見ぬ世の友」、笹波、大成　87下句～』手鑑「見ぬ世の友」、笹波、大成

〔通行本文〕　二月はかりいしやまにまうつとてある人のもとに

87 心して我はなかめんをり〳〵はおもひをこせよ山のさくらを（続四五〇）

88 都へはいくへかすみかへたつらん思ひたつへきかたもしられす（続四五一）

ひころありてかへらんとおもふにものうくおほゆれは

日ころはなおもしろき所にあるを今日ほかへいかんとするにいみしうちれは

吹風の心ならねと花みては枝にとまらぬものにさりける（続四五二）

〔整定本文〕　三月ばかりに、石山へ詣づとて、人のもとに

87 心してわれも眺めむ折々は思ひおこせよ山の桜を

日頃ありて帰らむと思ふに、もの憂くおぼゆれば

88 都には幾重霞か隔つらむ思ひ立つべき方も知られず

日頃、花おもしろき所に、飽かず、今日ほかへ行くとて』

〔現代語訳〕　三月ごろに、石山寺へ参詣しようとして、人のもとに

87 これから石山に出かけますが、心をこめて私も眺めようと思っています。あなたも時々は都から山の桜を思って、関心をよせてください。

数日経って都に帰ろうと思うが、何やらおっくうに思われるので

88　ここから都までの間には一体何重に霞が隔てているのでしょうか。思い立って帰ろうと思うのですが、帰る方法もわかりません。

ここ数日、花がすてきな所で、まだまだ見ていたい気持ちがして、今日はよそに行くということで

〔他出〕　88玉葉集・雑一、一八四九

〔語釈〕　87**〇三月ばかりに**　榊原家本では「二月ばかり」とある。旧暦では桜の季節は二月ごろからはじまり、三月までつづくので、どちらが適当かということはなかなか言えない。〔補説〕参照。**〇石山**　現在の滋賀県大津市にある石山寺。京に近い観音の霊地として平安時代には多くの信仰を集め、和泉式部日記をはじめとして、蜻蛉日記、源氏物語、更級日記などに参詣の様子が具体的に描かれている。**〇心して**　十分に心配りをして。念を入れて。**〇われも眺めむ**　『続集全釈』も『文庫』も「都の空を」とするが、「山の桜を」であろう。**〇思ひおこせよ**　「思ひおこす」は向こうからこちらのことを思う。「思ひやる」の対。

88**〇日頃ありて**　数日経って。「日頃」の「頃」は、「月頃」「年頃」などと同じ言い方で、ある程度の時間の経過を示す。**〇もの憂く**　「もの憂し」は、心が晴れない、憂鬱な状態をいう。気が乗らない。おっくうだ。**〇思ひ立つべき方も知られず**　「思ひ立つ」に霞が「立つ」を掛ける。「知られず」の「れ」は可能の助動詞「る」の未然形に打消の助動詞「ず」が伴って不可能を表す。思い立とうと思っても思い立つ方法を知ることが出来ない。

〔詞〕**〇飽かず**　もう十分だ、満足した、という気持ちにならず。

〔補説〕　桜の季節は二月か三月か。本文としてはどちらが妥当か。時代はやや下るが、有名な西行の歌に、

願はくは花の下にて春死なむそのきさらぎの望月のころ（山家集、七七）

とあり、西行は、「きさらぎの望月のころ」、すなわち旧暦二月の半ば、春爛漫の桜の木の下で、しかも満月のころに死にたいと望んで本当に二月十六日に亡くなったことで有名だが、平安期の作品を丹念に見てみると、三月に桜の花を詠んでいる例もかなりある。

応和三年三月三日、御前の桜の咲きはじめたるを、今年より春知りそむるといふ題を、御
（村上天皇御集、一一一詞書）

三月ばかり、ひんがしの院の桜の咲きてはべりしを見て、詠みはべりしに（元輔集Ⅰ、一七七詞書）

三月ばかり、法輪に詣でたりしに、花はまだ咲かず、雨のいみじく降りてやみにたるに、桜の枝より雫の繁う落つるを見て、花の散るかと見ゆるかと、人の言ひしに（赤染衛門集Ⅱ、四三詞書）

特に赤染衛門集の例では、「三月ばかり」に「花はまだ咲かず」とあり、当然ながら年によっては早い遅いがあったであろう。和泉式部続集にも、

二月つごもりがたに、ものに詣づる道なる法住寺の桜見む、とて入りたれば、花もまだ咲かざりけり、知りたりし僧のありし、問はするもなし
咲きぬらむ桜狩りとて来つれどもこの木のものとぬしだにもなし（続一九七）

とあって、二月の末でもまだ咲いていない寺があった。この歌はたまたま正集にも重出していて、

石山より帰るに、遠き山の桜を見て
都人いかにととはば見せもせむこの山桜一枝もがな（正一五三）
同じ道なる寺に入りて見れば、ここの花は咲かざりければ、知りたりし僧のありしを問はするも、なければ
咲きぬらむ桜狩りとて来つれどもこの木のもとにあるじだになし（正一五四）

と、正集では「都人」の歌と並んでおり、この歌も石山寺からの帰りの歌であることがわかる。しかも二月の末に「遠き山の桜」は咲いているらしいのに、「同じ道なる寺」の花はまだ咲いていないというちぐはぐさである。桜の種類によるのかもしれない。結局、「二月」でも「三月」でも、本文の違いはどちらが正しいかということに関してはなかなか決着がつかないことになる。

89 みなるといふなたゝしとそおもふ
ものゝけにうつし心もなくわつら
ふをとふらふ人に
90 とふやたれ我にもあらすなりにけりうきを
なけくはおなしみなから
時〳〵ふみおこする人のひことといふ所にいくとて
おもひわするなゝといひたるに』

〔所収〕 89〜』笹波、大成、他

〔通行本文〕 袖のぬるゝ事なと云たる男に
89 ぬれたらはぬきも捨てよから衣みなるてふなはたゝしとそ思（続四五七）
物けたつこゝちにうつしこゝろもなくわつらふを問たるおとこに
90 とふやたれ我にもあらす成にけり憂を歎くはおなしみなから（続四五八）
とき〳〵ふみなとおこするおとこの備中と云所にいくとて忘るゝなといひたるに
へたてゝはいとゝうとくそ成ぬへきまかねふくなるきひの中山（続四五九）

〔整定本文〕 ［袖の濡るること、など言ひたる男に
89 濡れたらば脱ぎも捨ててよ唐衣」見馴るといふ名立たじとぞ思ふ
もののけにうつし心もなくわづらふを、とぶらふ人に
90 問ふやたれ我にもあらずなりにけり憂きを嘆くは同じ身ながら

時々文おこする人の、備後といふ所に行くとて、思ひ忘るな、など言ひたるに』

〔現代語訳〕〔私の袖がこんなにも濡れていることだ、などと言ってきた男に

89 もしも本当に濡れていたら、さっさとそんな着物は脱ぎ捨ててくださいよ。〕そうしたら、あなたとの関係がなじみになっているというような評判は立つまいと思います。

もののけのために自分でもわけがわからなくなるほどわずらっているのを、見舞ってくれた人に

90 言葉をかけてくださった方はどなたでしょう？　私は自分が自分でなくなってしまったようです。つらいのを嘆くのは以前と少しも変わっていない身のままですが。

時々手紙をよこす人が、備後という所に行くということで、私のことを思ってずっと忘れないでいてください、などと言ってきたので

〔他出〕90秋風集。恋下・九六六

〔語釈〕89**○袖の濡るること**　袖が濡れることです。もちろん涙でである。恋い慕っているのに思い通りにならない恋のつらさを訴える言い方。**○脱ぎも捨ててよ**　脱ぎ捨ててしまってくれ。「も」は強めの副助詞。「てよ」は完了の助動詞「つ」の命令形。**○見馴るといふ名**　底本には「みなるといふな」とあり、榊原家本には「みなるてふなは」とある。従って「いふな」の「な」は禁止を示す終助詞ではなく、「名」という名詞であろう。評判、を意味し、その方が意も通りやすい。「逢ふことは玉の緒ばかり名の立つは吉野の川の滝つ瀬のごと」（古今集・恋三、六七三）。また「見馴る」は、たびたび見てなじむ、しばしば逢ってむつまじくなる、の意。着馴れて衣服が身になじむ意の「身馴る」をも掛ける。**○立たじとぞ思ふ**　立つまいと思う、衣服を「裁たじ」を掛け、「身馴る」とともに「唐衣」の縁語。

90**○もののけ**　人にとりついて苦しめたり、悩ましたり、あるいは病気にさせたり、時には死に至らしめたりすると考えられたもの。〔補説〕参照。**○うつし心もなく**　「うつし心」とは、理性ある、正気の心、意識がはっきりし

ている折の心であり、そうした状態でなくなることをいう。**○問ふやたれ** 問うのは誰か。なかなか見舞いに来てくれなかった男に対してあてこすりの言い方なのであろう。「問ふやたれ我はそれかはいかばかり憂かりし世にや今までは経る」（続集、二九六）。**○我にもあらず** 自分が自分ではない。正常な判断ができない。何が何だかわからない。「息もせず。ひき動かし給へど、なよなよとして我にもあらぬさまなれば」（源氏物語・夕顔）。**○同じ身ながら** 「ながら」は、ここでは、……のまま、の意を表す接尾語。「露ながら折りてかざさむ菊の花老いせぬ秋の久しかるべく」（古今集・秋下、二七〇）。

（詞）**○文おこする人** 手紙をよこす人。恋文であろう。**○備後といふ所** 断簡本文の「ひことい ふ所」は、榊原家本では「備中と云所」とあり、つづく歌に「真金吹くなる吉備の中山」とあるので、「肥後といふ所」ではなく、「備後といふ所」であろう。「備後」は現在の広島県東半部。備前、備中とともに、古くは吉備国と呼ばれた。「時々文おこする人」が地方官として赴任して行ったか。

〔補説〕 「もののけ」については、たとえば源氏物語、葵巻に、出産に際して苦しむ葵上の描写がある。「執念きもののけがとりつき、

……とのたまふ声、けはひ、その人にあらず変はりたまへり。いとあやしと思しめぐらすに、ただかの御息所なりけり。

とあるように、実は六条御息所の生霊がもののけとなって乗り移っていたのだと、きわめて具体的に背景が描かれている。若菜下巻でも、紫上が発病して危篤状態に陥った際に、

月ごろさらにあらはれ出で来ぬもののけ、小さき童に移りて呼ばひののしるほどに、

とあって、そのもののけは、実は、

髪を振りかけて泣くけはひ、ただ、昔見給ひしもののけのさまと見えたり。

とあり、「昔見給ひしもののけ」、すなわち、すでに亡くなっている六条御息所の死霊であり、よりましの「小さき

童」に乗り移って、長々・うらみの言葉を述べるといったように、極めて具体的にもののけの正体が描かれている。

しかし一般的には何らかの憶測はされても、具体的にはわからないことが多い。紫式部日記に、中宮彰子のやはり出産の場面で、

日ひと日、いと心もとなげに起き伏し暮らさせたまひつ。御もののけども駆り移し、限りなく騒ぎののしる。

とあり、「山々寺々」の験者という験者を。また「世にある限り」の陰陽師を召し集めて大騒ぎをする場面が描かれているが、「御もののけども」の正体は具体的には描かれていない。枕草子・病は、の段には、

病は、胸、もののけ、あしの気、はては、ただそこはかとなくてもの食はれぬ心地。

とあって、「胸」の病や「あしの気」の病、あるいは「ただそこはかとなくてもの食はれぬ心地」と並んで、同じように「もののけ」が挙げられている。通常の病気の一種と考えられてもいたのであろう。90番歌も「もののけ」にとりつかれ、「うつし心もなくわづらふ」とあるのは、現代でいえば発熱し、高熱にうなされていたのだと考えていいように思われる。

山さとにすむ人のもとよりひとよの月はみ
きやなみたにくもる心ちなむせしと
いひたるに

91
うちはへて山のこなたになかむれはそのよの
つきもくもるなりけり

五月五日人に

92 今日はなほのきのあやめのつく〳〵と思』へはねのみか〻るそてかな

とほき所にとしころありけるをとこのちかくきてもことにみえぬにやあらんとて人のよませしに

93 よそなりしおなしときはの心にてたえすやいまの松のけふりは

ひとのきたるを返したれはつとめて』いみしう〻らみてわれこそゆかねといひたるに

94 とまるとも心はみえてよと〻もにゆかぬけしきのもりのくるしき

あやしき事ともひとのいふをき〻てか〻る事をきくにつけてなむいと〻あは

れなるといふをとこに

95 ふかゝらはなきなもすゝけなみたかは』

そをぬれきぬとひともみるへく』

〔所収〕 91詞～』予楽院、大成　92下句～』予楽院、大成　94詞～』予楽院、大成　95下句～』手鑑「月台」、笹波、大成、他

〔通行本文〕 山里にすむ人の許より一夜の月はみきや涙にくもる心ちなんせしと云たるに

91 うちはひて山のこなたに詠れはその夜の月もくもる成けん（続四六三）

五月五日人に

92 けふはなをのきのあやめもつく〳〵とおもへはねのみかゝる袖かな（続四六四）

遠所に年来ありけるおとこのちかうきてもことにみえぬにやらむとて人のよませし

93 よそなりしおなしときはの心にてたえすや今もまつのけふりは（続四六五）

人のきたるをかへしたるつとめていみしううらみてわれこそかへれといひたるに

94 とまるとも心はみえてよとともにゆかぬけしきのもりそくるしき（続四六六）

あやしきことゝもの人のいふをきゝてかゝる事ともを聞いとゝあはれなると云男に

95 ふかゝらは涙もすゝけなみた川そをぬれきぬと人もみるへき（続四六七）

〔整定本文〕 山里に住む人のもとより、ひと夜の月は見きや、涙に曇る心地なむせし、と言ひたるに

91 うちはへて山のこなたに眺むればその夜の月も曇るなりけり

五月五日、人に

92 今日はなほ軒のあやめのつくづくと思』へばねのみかかる袖かな

遠き所に年頃ありける男の、近く来ても、ことに見えぬにやあらむとて、人の詠ませしに

93 よそなりし同じときはの心にて絶えずや今のまつのけぶりは

人の来たるを帰したれば、つとめて、』いみじう恨みて、われこそ行かね、と言ひたるに

94 とまるとも心は見えでよとともにゆかぬけしきのもりのくるしき

あやしきことども人の言ふを聞きて、かかることを聞くにつけてなむいとどあはれなる、と言ふ男に

95 深からばなき名もすすげ涙川』そを濡れ衣と人も見るべく』

〔現代語訳〕 山里に住む人のもとから、先達ての夜の月はご覧になりましたか、私の涙で曇ったような感じになったことですよ、と言ってきたので

91 いやいやそうではありません。ずっと、山のこちら側で私がもの思いに沈みながら眺めていたので、それであの夜の月も曇ったのでした。

五月五日、人に

92 今日はやはり、軒のあやめが、私がひとりぼんやりともの思いに耽っていますと、そのあやめの根、泣く音《ね》が、ひたすら袖にかかることです。

遠い所に数年ほど行っていた男が、近くに帰って来ても、格別姿を見せないのであろうかということで、人が私に詠ませたので

93 あなたが遠くにいらっしゃった、その時と同じ、まったく変わらない心で、絶えることはありませんよ、今も待つ、私の思いは。

男の人が訪ねて来たのを受け入れずに帰したところ、その朝早く、ひどく恨んで、私はもう絶対に行かない、と言って来たので

94 たとえあなたがお泊まりになったとしても、あなたはどうお感じになっているかお気持ちがわからず、いつも

いつも、夜、満足なさっていらっしゃらないご様子が、私は苦しくてならないのです。

へんな噂のあれこれを人が言うのを聞いて、こういう話を聞くにつけても一層あなたのことがいとおしく思われます、と言う男に

95 本当に私への思いが深く、私のために流す涙の川が深かったら、その勢いで私に対するへんな評判をすすいでくださいよ。あんな噂を、やはり濡れ衣だったと人も見るように。

〔他出〕 92後拾遺集・恋四、七九九

〔語釈〕 91 **○ひと夜の月** この間の夜の月。「ひと夜」はここでは先夜の意。「ひと夜の門のこと、中納言に語り侍りしかば」（枕草子・大進生昌が家に）。**○うちはへて** ひきつづいて。ずっと。「わか袖は蜘蛛のいがきにあらねどもうちはへて露の宿りとぞ思ふ」（続集、七〇）。**○山のこなたに** 「山里に住む人」に対していう。そちらのせいではなく、こちらのせいだと反駁。

92 **○五月五日** 端午の節句。邪気を祓うためにあやめや蓬などを軒に挿す習慣があった。「節は、五月にしく月はなし。菖蒲、蓬などのかをりあひたる、いみじうをかし」（枕草子・節は）。**○軒のあやめの** 第四句の「ねのみ」以下にかかる。**○つくづくと** 気力を失った様子。ぼんやりと。しみじみと。**○ねのみかかる袖** 「ね」に、あやめの縁語である「根」と、泣き声の「音《ね》」とを掛ける。泣き声がかかる袖とは、声を上げて泣いて、それを受け止める袖という意味であろう。

93 **○遠き所** 具体的にはどこか不明。地方官として赴任していた男が任期が終わって帰京したのであろう。〔補説〕参照。**○年頃** ここ数年。**○よそなりし** かつて男が「遠き所」にいたことをいう。**○同じときはの心にて** 「同じ時」に「常盤《ときは》」を掛ける。「常盤」は、永遠に変わらない様子。永久不変。「あだなりし人の心にくらぶれば花も常盤のものとこそ見れ」（金葉集・恋四、四一二）。**○絶えずや** 絶えることはないですよ。挿入句。「や」は詠嘆の終助詞。**○今のまつのけぶりは** 「まつ」は「待つ」に「松」を掛ける、「松」は長寿を意味して「常盤」と関係し、

「まつのけぶり」の場合の「まつ」は「たいまつ」の意を表す。なお、榊原家本では「今もまつのけふりは」とあり、そのほうが理解しやすいので現代語訳は榊原家本の本文によった。

94 **○人の来たるを**　「人」は、当然これまでも関係のあった男性であろう。**○われこそ行かね**　「われ行かず」に係助詞「こそ」を挿入して強めた形。「ね」は打消の助動詞「ず」の已然形。**○とまるとも**　たとえとどまったとしても。私があなたの来訪を受け入れてたとえあなたが泊まって行ったとしても。「とも」は逆接の仮定条件を示す接続助詞。たとえ……したとしても。**○よとともに**　「世とともに」は、絶えず。いつも。「夜とともに」を掛ける。**○ゆかぬけしきのもりの**　「ゆかぬけしき」は満足しない様子。「けしきの森」を掛ける。「けしきの森」は大隅国の歌枕。現在の鹿児島県霧島市。「わがためにつらき心は大隅のけしきの森のさもしるきかな」（古今六帖・二、一二八四）。なお榊原家本では「ゆかぬけしきのもりぞ」とあり、そのほうが係り結びの関係からも語法的には説明しやすい。

95 **○あやしきことども**　いろいろと不可解な話。次の歌から見ておそらく式部に関するろくでもない噂話、浮き名の類であろう。**○なき名**　根拠のない評判。噂。特に男女に関する浮き名であることが多い。「懲りずまにまたもなき名は立ちぬべし人憎からぬ世にし住まへば」（古今集・恋三、六三一）。**○涙川**　あふれ出る涙を川にたとえた表現。**○濡れ衣**　根も葉もない噂、あるいはありもしない浮き名による被害。「憂き事をしのふる雨の下にしてわが濡れ衣は干せど乾かず」（後撰集・雑四、一二六七）。

〔補説〕　この歌群も式部にさまざまな男性関係があったことを示す。特に95番は、「濡れ衣」とは言っているが、彼女に多くの噂話があり、浮き名を流していたこと自体は本当にあったことを物語っている。

また93番は、例によって「人の詠ませしに」とは言っているが、「遠き所に年頃ありける男」が「近く来ても、ことに見えぬにやあらむ」などとあるのは、55、56番歌でも述べたように、実は前夫橘道貞を念頭に詠まれた、彼女自身の思いのこもった歌であるかもしれない。

といふことをいひおこせたるにことわり
なる事をいひてつらけれはえとふ
ましといひたるに

96
はきはらにふすさをしかもいはれたり
たゝふく風にまかせてを見む』

〔所収〕 96詞〜』大成

〔通行本文〕 人の家に秋のころ萩上露と云事を云たるにことはりなる事ともを云つゝくるれはえとふましと云たるに

96 萩原にふす小男鹿もいはれたりたゝ吹風にまかせてをみよ（続四六八）

〔整定本文〕 ［人の家に、秋のころ、萩上露］といふことを言ひおこせたるに、ことわりなることを言ひて、つらければえとふまじ、と言ひたるに

96 萩原に臥すさをしかも言はれたりただ吹く風にまかせてを見む』

〔現代語訳〕 ［人の家に、秋のころ、萩の上の露（今は秋、私はもの思いをしています）］ということを言ってやったところ、その人は、いかにももっともらしいことを言って、つらいのでとても訪れることはできないでしょう、などと言ってきたので

96 確かにその通りだと思います。ただ、吹く風にまかせて、なりゆき次第で行きましょう。

〔他出〕 ナシ

〔語釈〕 96**〇人の家に** 「言ひおこせたるに」にかかるのだと思われるが、不審。通常「言ひおこす」は、向こう

からこちらへ言ってよこす意。榊原家本では単に「云たるに」とあるので、現代語訳は一応榊原家本の本文によった。また、なぜ「人に」ではなく、「人の家に」なのかも理解しがたい、〔補説〕参照。**○萩上露**「鳴きわたる雁の涙や落ちつらむもの思ふ宿の萩の上の露」（古今集・秋上、二二一）を引くか。空を鳴きながら飛ぶ雁の涙が落ちたのだろうか、もの思いに耽っている私の庭の萩の上の露は。萩の上の露に象徴されているように、私は今もの思いをしている、という意であろう。**○ことわりなること**「ことわり」は、ことの筋道。道理。もっともなこと。当然なこと。**○えとふまじ**「え……まじ」は、不可能なことを推量、あるいは意志を表す言い方。「とふ」は「訪ふ」で、訪れることができないだろう、の意。**○さをしかも言はれたり**「さをしか」は、牡鹿。「さ」は接頭語。「さをしかの声高砂に聞こえしは妻なき時の音にこそありけれ」（後撰集・恋六、一〇五七）。ここは「さ牡鹿も」に「然《しか》も」を掛ける。「然も言はれたり」は、よくぞ言ったものだ。確かにその通りだ。もっともなことだ。「れ」は自発か。「かぐや姫……なほ、これを焼きて試みむ、といふ。翁、それ、さも言はれたり、と言ひて」（竹取物語・火鼠の皮衣）。「萩上露」との関係から「萩原に臥すさをしかも」といい、「然も」を導いている。**○まかせてを見む**まかせて見よう。「を」は間投助詞。強調。「萩が花散るらむ小野の露霜に濡れてを行かむ小夜は更くとも」（古今集・秋上、二二四）。

〔補説〕 当該断簡は歌順としては直前の断簡につづくのだが、榊原家本に較べると詞書の冒頭一行分を脱していることになる。現存断簡は五行分しかないのでどこかが脱していることになるわけだし、脱落があったと考えること自体はまったく問題ないのだが、なぜ詞書の冒頭一行だけが欠けるような不自然なことになったかについては納得のいく説明がつかない。

また、内容的には「人の家に」という言い方も不自然である。単に「人に」、あるいは「男に」、で十分であろう。〔語釈〕の項でも述べたが、その「人の家」に、断簡本文では「言ひおこせたるに」とあるのも納得がいかない。語の意味、用法から考えてもおかしいし、もしそのまま「言ってよこしたので」ととれば、その後の、「ことわりなること」を言って、「つらければ、えとふまじ」と言ったのは、すべて式部が、ということになり、そうすると歌の作者は式部ではなくなってしまうからでもある。歌の解釈も含め、いろいろと問題が多く、わかりにくい箇所である。

97

つゝむことなきにもあらす花すゝきまほにいてゝはいはすもあらなむ

おなしころすゝきにつけてさしもあるましき人のけそうにふみをおこせたれは

98

さはみれとうちはらはて秋はきをしのひてをれはそてそつゆけき

おやにつゝむことあるころかくれてゐたるかたのまへに花のいとおもしろきに』つゆのいとしけうおきたれは

つねよりも世中のはかなくみえし九月九日に

99　き丶ときく人はなくなるよのなかに今日も
わか身はすきむとやする』

〔所収〕　97詞〜』予楽院、大成　98詞〜』笹波、大成、他

〔通行本文〕

97　つ丶むことなきにもあらす花す丶きにつけてさしもあるまし仮借ふみをおこせたるに
おやにつ丶む事ありてかくれてゐたかたの前に萩のいとおもしろきに露のをきたれは
98　さはみれとうちもはらはて秋萩を忍てをれは袖そ露けき（続四六九）
つねよりもよのなかはかなうみえしころ九月九日
99　き丶ときく人はなくなる世の中に今日も我身はすきんとやする（続四七〇）
〔整定本文〕

97　つつむことなきにもあらず花薄真穂に出でては言はずもあらなむ（続四七一）
同じころ、薄につけて、さしもあるまじき人のけそうに文をおこせたれば
98　さは見れどうち払はで秋萩を忍びてをれば袖ぞ露けき
親につつむことあるころ、隠れてゐたるかたの前に、花のいとおもしろきに、』露のいと繁う置きたれば常よりも世の中のはかなく見えし九月九日に
99　聞きときく人は亡くなる世の中に今日もわが身は過ぎむとやする』
〔現代語訳〕　同じ秋のころ、薄につけて、そんなことをしそうもない人がやけに目立つ形で手紙を送ってよこしたので

97　私だってはばかることがないわけでもありません。この花薄のように、穂に出て、あからさまな形でものを言ったりしないでほしいと思います。

親に気兼ねをしなければならないことがあるころ、隠れて住んでいるところの前に、萩の花が大層すばらしく咲いていて、そこに露がびっしりと置いていたので

98 露がたくさん置いているとは知りながら、うち払うこともしないで秋萩を折るものだから、どうしても袖が露に濡れてしまうのです。親に気兼ねをしながら隠れ忍んでいるものですから、つい、涙で袖が濡れてしまうのです。

いつもの年よりも世の中がはかなく見えた九月九日の日に

99 耳にする限りの人は皆亡くなってゆくこの世の中に、今日もわが身はこのまま何事もなく過ぎようとしているのだろうか。

〔他出〕 99新続古今集・哀傷、一五九六／万代集・雑五、三五〇〇

〔語釈〕 97**○同じころ** 96番歌と「同じ」年の、「秋のころ」という意味であろう。榊原家本では、四六八、四六九とつづく歌である。**○さしもあるまじき人** それほどでもなさそうな人。そんなことをしそうもない人。**○けそうに** 顕証に。あらわに。目立つ様子で。榊原家本では「に」を脱し、次の「ふみを」とつづけて「仮借ふみを」とある。「仮借」は「けさう」の当て字。一般的な表記によるならば「懸想文を」ということになり、恋文を、という意味になる。それでも文意は通じるが、歌の内容からすれば「顕証に」のほうがより適切に思われる。**○つつむこと** 気がねをすること。はばかること。「からうじて相知りて侍りける人に、つつむことありて逢ひがたく侍りければ」（後撰集・恋一、五〇七詞書）。**○なきにもあらず** ないわけでもない。「思ふことなきにもあらず玉かづらかみをばかけじいなわづらはし」（赤染衛門集I、一六二）。**○花薄** 穂の出た薄。「穂に出づ」などを導く枕詞。**○真穂に出でては** 「真穂」の「真」は接頭語。「穂に出づ」は、表に現れる、人目につく、意。「真穂に出でていと見えねども花薄招く夕べはただにしもあらじ」（大斎院前御集、一七五）。**○言はずもあらなむ** 言わないでほしい。「あらなむ」の「なむ」は未然形接続なので、他に対してあつらえ望む意を表す終助詞。

98**〇親につつむこと**　「つつむこと」については97番歌〔語釈〕参照。また、「親につつむこと」とは具体的には勘当事件を指すと考えられる。〔補説〕参照。**〇花のいとおもしろきに**　榊原家本本文では「萩のいとおもしろきに」とある。歌の内容からすれば「萩」の方が穏当か。**〇さは見れど**　露がたくさん置いているようには見るけれども。**〇うち払はで**　本文に問題あり。字足らず。榊原家本本文では「うちもはらはで」とある。**〇忍びてをれば**　「折れば」に「居れば」を掛ける。**〇袖ぞ露けき**　袖が露で濡れる意に、涙で袖が濡れる意を込める。

99**〇常よりも世の中のはかなく見えし**　『続集全釈』では「伝染病でも流行してゐたのであらう」とするが、歌の内容から考えてもおそらくそうであろう。〔補説〕参照。**〇九月九日**　菊の節句でもある重陽の節句。**〇聞きとき**　聞く限りのものはすべて。ひたすら耳にするものは。この場合の「と」は、同じ動詞と動詞の間をつないで意味を強調する役割りを果たす。「秋風の吹きと吹きぬる武蔵野はなべて草葉の色変はりけり」（古今集・恋五、八二一）。なお「きく」は、動詞「聞く」と、重陽の節句の縁で「菊」とを掛ける。**〇過ぎむとやする**　過ぎようとするのか。「や」は疑問。ここは懸念の気持ちを表す。

〔補説〕　和泉式部は、おそらくその身持ちの悪さから、しばらく親から勘当されていた時期があったのだろうとされる。次の歌はいずれも正集に載るものだが、「心にもあらずあやしきこと出で来て」、しばらくの間「親はらから」のもとから別居を強いられていることがわかる。なお「勘事（かうじ）」とは勘当のことである。「親につつむことあるころ」とする98番歌は、やはりそのことと関連しているのであろう。

　正月七日、親の勘事なりしほどに、若菜やるとて

こまごまにあふとは聞けどなきなをばいづらは今日も人のつみける（正集、二五一）

　返し、親

なきなぞといふ人もなし君が身におひのみつむと聞くぞ苦しき（正集、二五二）

心にもあらずあやしきこと出で来て、例住むところも去りて嘆くを、親もいみじう嘆くと聞きて言ひやる

いにしへやもの思ふ人をもどきけむ報いばかりの心地こそすれ（正集、四三三）
　親はらからなど、同じ所、俄にほかほかになりて後、尊きことするに言ひやる
その中にありしにもあらずなれる身を知らばや何の罪の報いと（正集、七一七）
　日頃ほかにて、はらからのもとに来たるに、ふともえ逢はで、異方にゐたるに
よそなるを何嘆きけむ逢ふことのある所とてあはばこそあらめ（正集、七二二）
また99番歌は、〔語釈〕の項でも述べたように、伝染病流行にかかわる詠歌とおぼしい。医学が発達していなかった時代なので、伝染病は一度火がつくと手に負えなかったらしいが、式部の生存時代の記録を日本紀略によって調べて見ると、次のような状況であった。

正暦五年（九九四）今年、自正月至十二月、天下疫癘最盛、起自鎮西遍満七道。

長徳元年（九九五）今年四五月疫癘殊盛、中納言已上薨者八人。

〃　四年（九九八）今月（七月）、天下衆庶煩疱瘡、世号之稲目瘡、又号赤疱瘡、天下無免此病之者。

〃　〃　今年、天下自夏至冬、疫瘡遍発、六七月間。京師男女死者甚多、……謂之赤斑瘡、始自主上至于庶人、上下老少無免此瘡。

長保二年（一〇〇〇）今年冬、疫死甚盛、自鎮西来京師。

長和四年（一〇一四）（三月二十七日）天下咳病、又疫癘屡発、死者多矣。

寛仁四年（一〇二〇）此春、人民患疱瘡。


右のうちどの折のものが該当するかはもちろんわからない。最も大きな流行は長徳四年の「赤疱瘡（あかもがさ。現在の「はしか」のことという）」で、「京師ノ男女、死者甚ダ多シ」とか、「主上ヨリ始メテ庶人に至ルマデ、上下老少此ノ瘡ニ免ルル無シ」とか記されている。たくさんの患者がおり、たくさんの死者が出ているのである。式部の年齢は推定で当時二十歳代。それが妥当かどうかは別にして、流行期が「六、七月の間」で、歌の詠まれた「九月

九日」に最も近いということもある。可能性としては最も大きいかもしれない。

わりなき事をいひつゝうらむる人に
100 うしとみておもひすてゝしみにしあれは
我こゝろにもまかせやはする
よのなかにいきたらんかきりはおと
つれむなとかきたる人のふみのありける
にひさしうおとつれぬころかきつけ
てやる』

〔所収〕 100詞～』 笹波

〔通行本文〕 わりなき事をいひてうらむる人に
100 うしとみて思ひ捨てし身にしあれは我心にもまかせやはする（続四七二）
よの中にあらんかきりはをとつれんなとかきたる人のふみあるをひさしうをとせぬころかきつけてやる
かくはかりいひしは誰にあらはこそよに有なからをとはせさらめ（続四七三）

〔整定本文〕 わりなきことを言ひつつ恨むる人に
100 憂しと見て思ひ捨てし身にしあればわが心にもまかせやはする
世の中に生きたらむ限りは訪れむ、など書きたる人の文のありけるに、久しう訪れぬころ、書きつけてやる』

〔現代語訳〕 まったく筋の通らないことを言っては恨みごとを言う人に

100 あなたの態度を冷たいものと思って、かつて私ははっきりとあきらめてしまった身ですから、もう、私の思いどおりにするわけにもいかないのですよ。

この世に生きている限り必ず私はあなたのもとに訪れるでしょう、などと書いた人の手紙が私の手もとにあったが、長いこと訪れないでいるころ、その手紙に書きつけて送ってやった

〔他出〕 ナシ

〔語釈〕 100 **○わりなきこと** 道理や条理が通用しないこと。筋が通らないこと。わけのわからないこと。めちゃくちゃなこと。**○憂しと見て** 相手の態度を冷たいものと見て。**○思ひ捨ててし** 見捨ててしまった。もう二度と顧みなくなってしまった。「てし」は、完了の助動詞「つ」の連用形に、回想の助動詞「き」の連体形。**○まかせやはする** まかせたりするか、まかせたりはしない。「やは」は反語。

（詞）**○世の中に生きたらむ限りは** この世の中にずっと生きていたとして、その生きている限りは。「む」は仮想。**○久しう訪れぬころ** 言葉どおりではなく、長いこと訪れて来なかったころ。**○書きつけて** その送ってよこした「人の文」に書きつけたのであろう。

〔補説〕 本断簡が、いわゆる和泉式部続集切における乙類の、現存最末尾の断簡である。ただしこれが本当の意味で最末尾でないことは、本断簡が詞書で終わっていることからも明らかである。あと何首かつづくことは間違いない。しかし榊原家本文ではこのあと一四七首も歌がつづく。そのすべてが断簡群においても同じようにつづくとはとても思えない。乙類は乙類としてひとつの歌群を形成し、そろそろ末尾に近づいていると考えていいだろう。

伝行成筆針切相模集

1 さわ水にかはつもいたくすたくなりいまや
さく覧ゐての山吹 （一）

2 かすみたにみやこにしはしたちとまれすき
ゆくはるのかたみともせん （二）

なつ

3 山かつのしはのかきねをみわたせはあな
うの花のさける所や』 （三）

〔**所収**〕 手鑑「白鶴帖」、大成、他 （**口絵③参照**）

〔**通行本文**〕

1 さはみつにかはつもなけはさきぬらむゐてのわたりの山ふきのはな （五三四）

2 かすみたに山た《ち》《ミ》にしはしたちとまれすきにしはるのかたみともみむ （五三五）

夏

3 山かつのしはのかきねをみわたせはあなうのはなのさけるところや （五三六）

〔**整定本文**〕

1 沢水にかはづもいたくすだくなり今や咲くらむ井手の山吹

2 霞だに都にしばし立ち止まれ過ぎゆく春の形見ともせむ

夏

3 山がつの柴の垣根を見渡せばあなうの花の咲けるところや』

〔現代語訳〕

1 沢水に蛙もひどく群がり鳴いているようだ。ちょうど今ごろ咲いているだろうか、井手の山吹は。

2 せめて霞だけでも都にしばし立ち止まっておくれ。過ぎゆく春の形見ともしよう。

夏

3 きこりなどの住む、粗末な柴の垣根を見渡すと、ああいやだという、卯の花の咲いているところですね。

〔他出〕 2新勅撰集・夏、一三七

〔語釈〕 1**○かはづ** 蛙の歌語。**○すだくなり** 「すだく」は、多く集まる、群がる、群がり騒ぐ意。「わが宿に板居の水やぬるむらむ底のかはづぞ声すだくなる」(好忠集I、三四)。「なり」は推定の意を表す。音声を聞いて蛙と判断。**○井手の山吹** 「井手」は山城国の歌枕。現在の京都府綴喜郡井手町のあたり。「かはづ鳴く井手の山吹散りにけり花の盛りにあはましものを」(古今集・春下、一二五)などとあるように、古来、「かはづ」「山吹」とともに詠まれることが多かった。もっともここは近くの沢の蛙の声を聞き、目の前にない、井手の山吹を思いやった歌である。

2**○霞だに** 「だに」は副助詞。意志、希望、命令などの表現を伴って(ここは「立ち止まれ」という命令形)、その主体が最小限望ましい事柄であることを示す。せめて霞だけでも。

3**○山がつ** きこりや猟師など、山に住む、一般に身分が低いとされている人。**○柴の垣根** 「柴」は山野に生えている小さな雑木で、その雑木で編んだ垣根をいう。粗末なイメージ。**○あなうの花の** 「あな憂」に「卯の花」を掛ける。「世の中をいとふ山辺の草木とやあなうの花の色に出でにけむ」(古今集・雑下、九四九)。

〔補説〕 浅野家本によるいわゆる初事歌群でいえば、七、八、九首目の歌である。「春」の終わりから「夏」の初めにかけての部分で、針切の断簡でいえば三葉目あたりということになろうか。

1、2番歌は浅野家本とほとんど内容的には同じなのに、表現面では次のように大きく異なっている。

1 沢水にかはづもいたくすだくなり今や咲くらむ井手の山吹

沢水にかはつも鳴けば咲きぬらむ井手のわたりの山吹の花 （五三四）

2 霞だに都にしばし立ち止まれ過ぎゆく春の形見ともせむ

霞だに山路にしばし立ち止まれ過ぎにし春の形見とも見む （五三五）

単に書写過程における異同ではとても説明しきれぬほどのもので、流布本である浅野家本と、特殊な本文である針切本との関係を考える上で参考となる資料ではあろう。なお〔他出〕欄における新勅撰集所載歌は、本文的には浅野家本とまったく同じである。

4 なりやよはのひとこゑ

5 うきてよにふるの丶ぬまのあやめくさね（ママ）か
るそてのかはくよそなき

6 ほたるよのひかりはかりはみゆれともおほつか
なしやさみたれのそら

7 さなへひくもすそよこるといふたこも我こ
とそてはしひとならしな』

〔所収〕　予楽院模写手鑑　大成

〔通行本文〕　ほと、きすのこゑをまさしくき、て

4 きかてた、ねなましものをほと、きす中〳〵なりやよはのひとこゑ（四七）

5 うくてよにふるの、ぬまのあやめくさねかくるそてはかはくまもなし（五三八）

6 よるをしるほたるはおほくとひかへとおほつかなしやさみたれのやみ（五三九）

7 さなへひきもすそよこるといふたこもわかそことそてはしほとからしな（五四〇）

〔整定本文〕　「ほととぎすの声をまさしく聞きて

4 聞かでただ寝なましものをほととぎすなかなか」なりや夜半のひと声

5 浮きて世にふるのの沼のあやめ草ね《（ママ）》かかる袖の乾く世ぞなき

6 ほたる夜の光ばかりは見ゆれどもおぼつかなしや五月雨の空

7 早苗引く裳裾汚るといふ田子もわがごと袖はしひとならじな』

〔現代語訳〕　「ほととぎすの声を確かに聞いて

4 聞かないで、ただひたすら寝てしまったらよかったなあ、ほととぎすよ。却って、」夜半のひと声を聞いたおかげで、寝つけなくなってしまったことだ。

5 落ち着かずにこの世を過ごす私が、ふるのの沼のあやめ草の根ではないけれども、音をあげて泣く、その、涙で濡れている袖が乾く折とてありません。

6 ほたるの、夜の光ばかりは見えるけれども、何ともはっきりしないことだ、五月雨の空は。

7 早苗を引いて裳の裾が汚れるという農婦の袖も、涙で濡れる私の袖のようにだめになったりはしないでしょうよ。

〔他出〕　4新古今集・夏、二〇三

5夫木抄・雑六、一一三八二

〔語釈〕 4**○まさしく** 間違いなく。確実に。**○寝なましものを** 寝てしまったらよかったのになあ。「な」は完了の助動詞「ぬ」の未然形、「まし」は反実仮想の助動詞「まし」の連体形、「ものを」は詠嘆の終助詞。**○なかなかなりや** 「なかなかなり」は、却って……だ。なまじ……だ。「や」は詠嘆を表す。

5**○浮きて** 落ち着かないで。浮ついて。**○世にふるのの沼のあやめ草** 「ふる」は、「世に経る」と「ふるのの沼」の掛詞。「ふるのの沼」は夫木抄に「大和」とあるが、具体的には未詳。歌枕として名高い「布留」に関係があるか。なお「ふるのの沼のあやめ草」は「ね」を導く。**○ねかる袖** 字足らずで本文に問題あり。浅野家本では「ねかくるそて」とある。あやめの「根」を「掛くる袖」の意であろう。「ね」には「音」が掛けられている。「身のうきに引けるあやめのあぢきなく人の袖までねをや掛くべき」（和泉式部集Ⅰ・七三三）。**○乾く世ぞなき** 初句に「浮きて世に」とあり、また末句で「乾く世ぞなき」とあって、同じ歌の中に「世」が二度も出てくるのは不自然。浅野家本では「かはくまもなし」とあり、「よ」と「ま」は字形が似ているので、本来「かはくまぞなき」とあったか。

6**○おぼつかなしや** 「おぼつかなし」は、はっきりしない、おぼろだ、の意。「や」は詠嘆。

7**○早苗** 苗代から田へ移し植えるころの稲の苗。「昨日こそ早苗取りしかいつのまに稲葉そよぎて秋風の吹く」（古今集・秋上、一七二）。**○裳裾** 裳の裾。「裳」は、上代、女性が腰から下にまとった衣服。「さみだれに裳裾濡らして植うる田を君が千年の御まくさにせむ」（栄花物語・御裳着）。**○田子** 農夫。ここは裳を身につけているので女性であろう。農婦。**○しひとならじな** 「しひ」は不可解。万葉集（四〇一四）に「松がへりしひにてあれかもさ山田の翁（をぢ）がその日に求めあはずけむ」という用例があり、「しひ」は「めしひ（盲目）」などの「しひ」と同じで、感覚や機能を失う意とされ、一応それによったが、くわしくはわからない。浅野家本も「しほとからしな」とあり、意不明。いずれも誤写があるか。「ならじな」は、ならないだろうよ、の意。「じ」は打消の推量の助動詞、終止形。「な」は詠嘆を表す終助詞。

〔補説〕　4番歌は末尾の部分しか現存しないが、それと一致する歌を求めると浅野家本の四七番歌のみで、いわゆる初事歌群以外の歌ということになる。資料として残されているのが近衛家に伝わる予楽院模写手鑑に押されている断簡だけなので、あるいは模写の際の誤りである可能性もないことはないが、現段階では何とも言えない。ただし、ほととぎす、あやめ草、ほたる、早苗、はいずれも初夏の景物であり、配列上の問題はない。

8　あとたえて人もわけこぬなつくさのしけくも
ものをおもふころかな　（四）

9　なきかへるしての山ちのほとゝきすうきよにま
とふわれをいさなへ　（五）

10　ところせくたつかやり火のけふりかなわか身
もしたにさこそこかるれ　（六）

11　ひとへなるなつのころもはうすけれとも
あつしとのみもいはれぬるかな　（七）

〔所収〕　常盤山文庫蔵、手鑑「飛梅余香」、大成、他

〔通行本文〕

8　あとたえてひともわけこぬ夏くさのしけくもゝのをゝもふころかな　（五四一）

9 なきかへるしての山《地》のほと、きすうきよにまよふわれをいさなへ（五四二）

10 かやりけ《火は》ふりのみこそたちあされしたのこかれはわれそわひしき（五四三）

11 ひとへなるなつのころもはうすけれとあつしとのみもいはれぬるかな（五四四）

〔整定本文〕

8 跡絶えて人も分け来ぬ夏草の繁くもものを思ふころかな

9 鳴き帰る死出の山路のほととぎす憂き世に惑ふわれをいざなへ

10 所狭く立つ蚊遣火のけぶりかなわが身も下にさこそ焦がるれ

11 ひとへなる夏の衣は薄けれどもあつしとのみも言はれぬるかな』

〔現代語訳〕

8 足跡が絶え、誰も分け入っては来てくれなくなった夏草、そんな夏草が生い茂っているように、私は絶え間なく、しきりにもの思いをする今日このごろですよ。

9 鳴きながら死出の山路を帰るほととぎすよ。この、つらい現世に惑っている私をあの世へ誘って連れて行ってくださいな。

10 部屋いっぱいに立つ蚊遣火のけぶりですこと。わが身も心の中ではそのように恋い焦がれていることです。

11 単衣である夏の衣は薄いけれども、つい「あつい」と口に出しては言ってしまってばかりいることですよ。

〔他出〕　8 新勅撰集・雑一、一〇五八

〔語釈〕　8 **○跡絶えて**　人の足が途絶えて。人の訪れがなくなって。**○人も分け来ぬ夏草の**　人も分け入っては来ない夏草、その夏草が茂っているように。上三句は「繁くも」を導く序。**○繁くも**　盛んに。絶え間なく。ひっきりなしに。

9 **○死出の山路のほととぎす**　「死出の山路」は冥途にあり、死者が越えるという山路。ほととぎすは古来その山

路を越えて、この世とあの世とを往来する鳥と考えられていた。「死出の山越えて来つらむほととぎす恋しき人の上語らなむ」（拾遺集・哀傷、一三〇七）。「いきてまた帰り来にたりほととぎす死出の山路のことも語らむ」（和泉式部集Ⅰ、四二三）。

10**〇所狭く**　ものが多すぎて場所が狭い意。窮屈だ。いっぱいだ。充満している。気づまりだ。**〇蚊遣火**　夏、蚊を追い払うためにいぶす火。歌ではひそかに思い焦がれる恋の歌に用いられることが多い。「夏なれば宿にふすぶる蚊遣火のいつまでわが身下燃えをせむ」（古今集・恋一、五〇〇）。**〇下に**　「下」は表面にあらわれない部分。ここは心の中の意。

11**〇ひとへ**　ものが重ならないで一枚だけのこと。ここは「単衣（ひとえぎぬ）」の略。「単衣」は裏地のつかない衣。**〇あつし**　「厚し」に「暑し」を掛ける。**〇言はれぬるかな**　自然と口に出して言ってしまうことだ。「れ」は自発の助動詞「る」の連用形。「ぬる」は完了の助動詞「ぬ」の連体形。「かな」は詠嘆。

〔補説〕　10番歌は、浅野家本では、

蚊遣火はけぶりのみこそ立ちあされ下の焦がれはわれぞわびしき（五四三）

となっており、同じ「蚊遣り火のけぶり」で、「下の焦がれ」を詠んでいる歌だが、まったく異なった表現のものになっている。これも書写上の問題として片付けられる種類のものではないように思われる。

あき

12 ぬるかりしあふきのかせも秋き《（ママ）》ゝてはおもひ
なしにそすゝしかりける　（八）

13 たなはたはあまのはころもぬきかけてたつと

ゐるとやくれをまつらん　（九）

14 いろかはるはきのした葉をみるとても人の
こゝろのあきそしらるゝ　（一〇）

15 をきのはをなひかす風のおときけはあはれ
みにしむあきのゆふくれ』　（一一）

〔所収〕 大成、他

〔通行本文〕 秋

12 ぬるかりしあふきのかせも秋くれは思なしにそすゝしかりける　（五四五）

13 たなはたはあまのはころもおりかけてたつとぬふ《ゐる》とやくれをまつらむ　（五四六）

14 いろかはるはきのしたはをみるとても人の心のあきそしらるゝ　（五四七）

15 おきのはをなひかすかせのおときけはあはれみにしむあきのゆふくれ　（五四八）

〔整定本文〕 秋

12 ぬるかりし扇の風も秋来ては思ひなしにぞ涼しかりける

13 たなばたは天の羽衣脱ぎかけて立つと居るとや暮れを待つらむ

14 色変はる萩の下葉を見るとても人の心のあきぞ知らるる

15 荻の葉を靡かす風の音聞けばあはれ身に沁む秋の夕暮れ』

〔現代語訳〕 秋

12 あれほど生ぬるかった扇の風も、秋が来ては、気のせいか本当に涼しく感じられたことだった。

13 今日は七月七日、織女星はもう衣服を脱ぎかけて、立っている折も坐っている折も、牽牛星の訪れてくる日暮れを待っているのであろうか。

14 秋になって色が変わっていく萩の下葉を見るにつけても、人の心の「飽き」が知られることです。

15 荻の葉を靡かせる風の音聞くと、ああ、しみじみとした思いが身に沁む秋の夕暮れですね。

〔他出〕 14新古今集・恋五、一三五三

15万代集・秋上、八八九

〔語釈〕 12**○ぬるかりし** 生ぬるかった。「し」は回想の助動詞「き」の連体形。夏の間は、という気持ち。**○秋来ては** 断簡本文では「秋きヽては」とあるが、字余りだし、衍字と見て本文を訂した。**○思ひなしにぞ** 「思ひなし」は、実際にそう思い込むこと。あるいは実際にはそうではないかもしれないことを思い込むこと。思わく。気のせい。「ふたつなき心のほどを見るときは思ひなしにぞうれしからまし」（大弐高遠集、二九四）。

13**○たなばた** たなばたつめ。織女星。中国渡来のいわゆる七夕伝説における女の星。一年に一度だけ、七月七日の夜に牽牛星と逢うという。**○天の羽衣** これも中国渡来の伝説で、天人の着る衣服。ここでは恋人の牽牛星が来るというので、もう待ちきれずに衣服を脱ぎかけているというのであろう。**○立つと居るとや** 立っている場合でも坐っている場合でも。常時。「や」は疑問。「君だにも塵の中にもあらはれば立つと居るとぞ敬はるべき」（発心和歌集、六）。

14**○色変はる** 秋になって、萩の下葉が紅葉すること。**○人の心のあき** 「あき」に「秋」と「飽き」が掛けられる。**○知らるる** 自然と知られることだ。「るる」は自発の助動詞「る」の連体形。係助詞「ぞ」の結び。

15**○荻** 水辺や湿地に自生するイネ科の植物。風にそよぐ葉ずれの音が秋の景として歌に詠まれることが多い。「荻の葉のそよぐ音こそ秋風の人に知らるるはじめなりけれ」（拾遺集・秋、一三九）。

〔補説〕 いわゆる初事歌群の「秋」の項。当該断簡は浅野家本とほとんど内容を同じくする。

16 やゝもせはありへしとのみおもふよにすみて
もみゆるよはのつきかな　（一二）

17 わかことやいねかてにする山たもりかりて
ふしかにめをさましつゝ　（一三）

18 すきかてに人のやすらふあきのゝはまねくすゝ
きのあれはなりけり　（一四）

19 はきのはをしとろもとろにふみしたき
ふすさをしかのこゑきこゆなり』　（一五）

〔所収〕 大成、他

〔通行本文〕

16 ナシ

17 わかことやいねかてにする山たもりかりてふこゑにめをさましつゝ（五四九）

18 すきかてに人のやすらふあきのよは《ゝは》まねくすゝきのあれはなるへし（五五〇）

19 ナシ

〔整定本文〕

16 ややもせばあり経じとのみ思ふ世にすみても見ゆる夜半の月かな

17 わがごとや寝ねがてにする山田守りかりてふ鹿に目を覚ましつつ

18 過ぎがてに人のやすらふ秋の野は招く薄のあればなりけり
19 萩の葉をしどろもどろに踏みしだき臥すさ牡鹿の声聞こゆなり』

〔現代語訳〕

16 どうかするととても生き長らえることができそうもないと思うばかりのこの世に、こうして住んで、こんなにも澄んで見える夜半の月でしたこと。

17 私のように寝つかれないでいるのか、山田の番人は。「かり」という声に目を覚まし覚まして。

18 そのまま通り過ぎることができず、人が歩みをとどめている秋の野は、実は、招く薄があるからだったのでした。

19 萩の葉を散々踏み荒らし、臥しているさ牡鹿の、妻を求めて啼いている声が聞こえてくることです。

〔他出〕 ナシ

〔語釈〕 16**○ややもせば** どうかすると。ひょっとすると。「ややもせば消えを争ふ露の世に遅れ先だつほど経ずもがな」（源氏物語、御法）。**○あり経じ** 生き長らえることができそうもない。「あり経じと嘆くものから限りあれば涙に浮きて世をも経るかな」（好忠集I、四二〇）。**○すみても見ゆる** 「すみて」は「住みて」に「澄みて」を掛ける。

17**○寝ねがてにする** 寝ることができないでいる。寝つかれないでいる。「がてに」は、動詞の連用形について、……できないで、……しきれなくて、などの意を表す。「あしひきの山ほととぎすわがごとや君に恋ひつつ寝ねがてにする」（古今集・恋一、四九九）。**○山田守り** 山の田んぼの番人。山田の見張り役。**○かりてふ鹿に** 「かりてふ鹿」は不審。浅野家本では「かりてふこゑ」とある。「かり」は雁の鳴き声を表す。雁が「かり」と鳴く、その声のために寝つかれないという意か。「秋ごとに来れど帰れば頼まぬを声に立てつつかりとのみ鳴く」（後撰集・秋下、三六二）。あるいは「かり」に「刈り」が掛けられていて、そのために山田守りは寝つかれないと言っているのかもしれない。ともかく現代語訳は一応「かりてふ声」で解した。

18○**過ぎがてに**　通り過ぎることができないで。「がてに」については17番歌参照。○**人のやすらふ**　人が休んでいる。人が立ち止まっている。人がためらっている。○**招く薄の**　薄の穂が風に揺れている様子を「招く」とたとえた。あたかもおいでおいでをしているように見えたのである。「女郎花多かる野辺に花薄いづれをさして招くなるらむ」（拾遺集・秋、一五六）。○**あればなりけり**　実は、あるからだったのだ。「ば」は順接の確定条件を示す接続助詞。「なりけり」は、今、はじめて気がついたという気持ちを表す。

19○**しどろもどろに**　乱れに乱れて収拾がつかない様子。「わが心しどろもどろになりにけり袖よりほかに涙洩るまで」（狭衣物語・巻一、一八）。○**踏みしだき**　「しだく」は、荒れる、乱れる。あるいは他動詞として、荒らす、散らす。もっとも使用例としては「踏みしだく」が極く一般的で、踏み散らす、踏み荒らす、踏み砕く、意。○**さ牡鹿**　「さ」は接頭語。牡の鹿。歌では雌の鹿を求めて鳴くと詠まれることが多い。「さ牡鹿の声高砂に聞こえしは妻なき時の音にこそありけれ」（後撰集・恋六、一〇五七）。○**声聞こゆなり**　「なり」は終止形接続で、推定の意を表す。ここは、声を聞いて、啼いているのは「さ牡鹿」だと判断している。従って、「萩の葉をしどろもどろに踏みしだき」、そのようにして臥しているというのは、当然想像上の景なのであろう。

〔**補説**〕　ここも秋の項のつづき。ただし四首のうち二首までも浅野家本とは歌が異なっている。本来百首歌としてまとまっているはずなのに、こうした現象をどう捉えたらいいのだろうか。

20　しもおかぬ人のこゝろもいかなれは草より
さきにまつかれぬらむ

21　きえさらはうれしからまし冬夜のつきも

てはやすにはのしらゆき

22 なみたかはみきはにさゆる冬こほりし

たになかれてすくるころかな

23 うつみひをよそにみるこそかなしけれき

ゆれはおなしはひとなるみを』

〔所収〕 大成、他

〔通行本文〕

20 しもおかぬひとの心もいかなれはくさよりさきにかれはてぬらむ （五五八）

21 ナシ

22 なみたかはみきはにこほるうはこほりしたにかよひてすくすころかな （五六〇）

23 うつみひをよそにみるこそはかなけれきゆれは□□のはゐとなる身を （五六一）

〔整定本文〕

20 霜置かぬ人の心もいかなれば草より先にまづかれぬらむ

21 消え去らばうれしからまし冬の夜の月もてはやす庭の白雪

22 涙川汀に冴ゆる冬氷下にながれて過ぐるころかな

23 埋み火をよそに見るこそ悲しけれ消ゆれば同じ灰となる身を』

〔現代語訳〕

20 霜が置かない人の心も、どうして草よりも早く枯れ、私のもとから早くも離れてしまっているのでしょうか。

21 もし消え去ったらどんなにうれしいことでしょう。冬の夜の月を引き立たせる庭の白雪が。でも、白雪は消えることなく、相変わらず冬の夜の月は煌々と冷たく照っていることです。

22 あふれる涙が川のようになって、その水際に凍てつく氷、表面は凍っているものの下では水が流れているように、私も心の中では自然と泣かれて、日々、過ぎてしまう今日この頃ですよ。

23 あの埋み火を、自分とは関係ないものとして見るのは悲しいことです。埋み火だって自分だって、消えると同じように灰となる身ですのに。

〔他出〕 23玉葉集・雑一、二〇五六

〔語釈〕 20**○霜置かぬ** 人の心にも霜が置くなら枯れてしまうのも仕方がないが、霜が置くというわけでもないのに、という気持ち。**○かれぬらむ** 草が「枯れ」と、人の心が「離（か）れ」との掛詞。

21**○消えさらばうれしからまし** 「未然形＋ば……まし」はいわゆる反実仮想。もし消え去ったらうれしいだろうに。実際にはそうならないからうれしい状態にはならないという気持ちを表す。**○冬の夜の月** 冬の寒空に輝く月の光はいかにも冷たい、氷のようだ、とも感じられた。「天の原空さへ冴えや渡るらむ氷と見ゆる冬の夜の月」（拾遺集・冬、二四二）。**○もてはやす** ほめそやす。引き立たせる。

22**○涙川** 涙があふれるように流れるのを川にたとえる。**○冴ゆる** きびしく冷える。冷たく凍る。**○下にながれて** 表面は凍っていて下では水が流れて。「ながれて」に「流れて」と「泣かれて」を掛ける。心の中では自然と泣いてしまって。「泣かれて」の「れ」は自発の助動詞。

23**○埋み火** 灰の中に埋めてある炭火。歌では「下に焦がるる（心の中で思い焦がれる）」ものとして詠まれることが多い。「埋み火にあらぬわか身も冬の夜におきながらこそ下に焦がるれ」（相模集Ⅰ、二七五）。**○よそに見るこそ** 自分に関係ないものとして見ることこそ。**○悲しけれ** 浅野家本では「はかなけれ」、玉葉集では「あはれなれ」とある。

〔補説〕　すべて冬の歌である。

百首歌としては、本来、春十首、夏十首、秋十首、冬十首あるはずだと思われるが、浅野家本でも、春八首、夏九首、秋九首、冬九首しかなく、完全な姿をとどめているとは言いがたい。本断簡では、浅野家本との異同も多いが、春二首、夏九首、秋八首、冬四首である。まだ断簡出現の可能性は大きいと言えよう。

24
すゝか山おほつかなくてほとふれとおとつれも
せぬ人やなにひと　（一六）

25
人もうしわかみもつらしとおもふにはうら〳〵
にこそゝてもぬれけれ　（一七）

26
あふことのかたきとみゆるひとはなほむかし
のあたとおもほゆるかな　（一八）

27
みにしみてつらしとそおもふ人にのみうつる
こゝろのいろにみゆれは』　（一九）

〔所収〕　手鑑「なつかげ」、大成、他

〔通行本文〕

24　ナシ

25　人もうしわか身もつらしと思にはうらうへにこそゝてはぬれけれ　（五六五）

26 あふことのかたきになれる人は猶むかしのあたとおもほゆるかな（五六七）
27 身にしみてつらしとそ思人にのみうつる心のいろにみゆれは（五六九）

〔整定本文〕
24 鈴鹿山おぼつかなくてほどふれどおとづれもせぬ人や何人
25 人も憂しわが身もつらしと思ふにはうらうらにこそ袖も濡れけれ
26 逢ふことのかたきと見ゆる人はなほ昔のあたと思ほゆるかな
27 身に沁みてつらしとぞ思ふ人にのみ移る心の色に見ゆれば』

〔現代語訳〕
24 鈴鹿山の鈴のように、私はぼんやりとよくわからない状態で時を経る、過ごすけれど、おとずれてもくれない人は一体どういう人かしら。
25 人もいや、わが身もつらいと思うにつけて、涙で、裏、表ともにびっしょりと袖も濡れたことでした。
26 逢うことがむずかしいと思われる人は、やはり、昔からの敵だと思われることですよ。
27 身に沁みて本当につらいと思います。他の人に移っていくばかりのあなたの心が気配となって見えるものですから。

〔他出〕 ナシ

〔語釈〕 24 **○鈴鹿山** 伊勢国の歌枕。近江国との境にあり、鈴鹿の関が有名。歌では、「鈴」の縁で、「ふる」「なる」「おと」などとともに詠まれることが多い。「世にふれば又も越えけり鈴鹿山昔の今になるにやあるらむ」（拾遺集・雑上、四九五）。ここも「鈴」の縁で「ふれど」「おと」を導く。**○おぼつかなくて** はっきりしないで。ぼんやりしていて。**○ほどふれど** 「ほど経れど」に「振れど」を掛ける。**○おとづれもせぬ** 「訪れもせぬ」に「音」を掛ける。

25 **○人も憂しわが身もつらし**　一般に「憂し」は、思いどおりにならない状況や環境を自分のせいだとして情けなく苦しく思うのに対し、「つらし」は、他から受ける冷淡さやつれなさを恨みながら受け止めるといった傾向が強い。「薄さ濃さそれにもよらぬはなゆゑに憂き身のほどを見るぞわびしき」（枕草子・宮にはじめてまゐりたるころ）。「唐衣君が心のつらければ袂はかくぞそほちつつのみ」（源氏物語・末摘花）。**○うらうらにこそ**　このままでは解しがたい。浅野家本に「うらうへにこそ」とあるのに従う。「うらうへ」は、裏と表と。「うらうへに身にぞ沁みぬる梅の花匂ひは袖に色は心に」（清輔集、二四）。

26 **○かたき**　「難き」で、（逢うことが）むずかしい、意。あるいは「敵（かたき）」の意も掛け、表現上、「仇」と対比もさせているのであろうか。**○あた**　「仇」で、自分に敵対する相手。

27 **○つらしとぞ思ふ**　「つらし」については25番歌参照。「思ふ」は係助詞「ぞ」を受け、連体形終止。二句切れの歌。**○色に見ゆれば**　「色」はこの場合、様子、気配、の意。「忍ぶれど色に出でにけりわが恋はものや思ふと人の問ふまで」（拾遺集・恋一、六二二）。

〔補説〕　浅野家本では四季以外はすべて「雑」の項で、計三十首。この断簡は浅野家本に見える五六六、五六八番歌を脱し、24番歌という特有歌を持つが、いずれも雑の歌と認めることは可能である。ただし以後の歌すべてを雑の歌と認めることは出来ない。29番歌参照。

28
わかためはわすれくさのみおひしけるひとのこゝろやすみよしのきし
なけき　（二〇）

29
時〳〵はいかてなけかしとおもへともなら

ひにけれはしのはれぬ哉』

（二一）

〔所収〕　大成、他

〔通行本文〕

28　ナシ

29　ひとき、もうたてなけかしと思へともならひにけれはしのはれぬかな（五七二）

〔整定本文〕

28　わがためは忘れ草のみ生ひ茂る人の心やすみよしの岸

嘆き

29　時々はいかで嘆かじと思へども慣らひにければ忍ばれぬかな』

〔現代語訳〕

28　私のためにはひたすら忘れ草が生い茂る、そういう人の心は住みよいものでしょうか。

嘆き

29　その時々は何とかして嘆くまいと思うけれども、もう習慣になってしまったので、我慢できなくなって、つい嘆いてしまっているのですよ。

〔他出〕　29万代集・恋三、二三四〇

〔語釈〕　28 **〇忘れ草**　ユリ科の多年草である藪萱草（やぶかんぞう）のことという。それを植えたり身につけたりすると、愁いを忘れ、あるいは恋の相手を忘れると信じられていたらしい。「忘れ草種とらましを逢ふことのいとかくかたきものと知りせば」（古今集・恋五、七六五）、「恋ふれども逢ふ夜のなきは忘れ草夢路にさへや生ひ茂るらむ」（古今集・恋五、七六六）。**〇生ひ茂る**　ここは連体形で、「人の心」に掛かるのであろう。**〇人の心やすみよし**

の岸　「や」は疑問の助詞だが、ここでは、そうではないかという懸念の気持ちを示す。なお「すみよし」は地名の「住吉」に「住み良し」を掛ける。忘れ草は「住吉」（「住の江」ともいう）に生えるという伝承もあった。「すみよしと海人は告ぐとも長居すな人忘れ草生ふといふなり」（古今集・雑上、九一七）、「道知らば摘みにも行かむ住の江の岸に生ふてふ恋忘れ草」（古今集・墨滅歌、一一一一）。

29**〇時々は**　その折々は、折に触れて、たまには。時折。**〇いかで嘆かじ**　何とかして嘆くまい。「じ」はここでは打消の意志を表す。**〇慣らひにければ**　「慣らふ」は、慣れ親しむ、習慣となる。「に」は完了の助動詞「ぬ」の連用形。「けれ」は回想の助動詞「けり」の已然形。「ば」は順接確定条件を示す接続助詞。なお浅野家本ではこのあたり地名を詠み込んだ歌がつづいているので、あるいは「慣らひ」に「奈良」が掛けられているかと『相模全釈』はいう。**〇忍ばれぬかな**　我慢できなくなってしまったことよ。「れ」は可能の助動詞「る」の未然形で、「ぬ」は打消の助動詞「ず」の連体形、両者を併せて不可能の意を表す。

〔補説〕　浅野家本には「嘆き」の項はなく、すべて「雑」に括られているが、通常の部立のあり方からするとやはり不自然。針切相模集も現存部分において「夏」「秋」「嘆き」の部立が認められ、さらに推定として「春」「冬」「雑」の部立が考えられるけれども、そのほかにも異なる部立が存在していた可能性は十分にあろう。

30

〔通行本文〕
30　ひまなくそなにはのこともなけかるゝこやつのくにのあしのやへふき（五七二）

〔所収〕　大成

ひまなくそなにはのこともなけかるゝこや
つのくにのあしのやへふき』

〔整定本文〕

30　ひまなくぞなにはのことも嘆かるるこや津の国の芦の八重葺き』

〔現代語訳〕

30　本当に絶え間なく、何やらかにやら嘆かれることです。これがまあ、あのひまがないという摂津の国の芦の八重葺きなのでしょうか。

〔他出〕　30万代集・雑三、三二五八

〔語釈〕　30○ひまなくぞ　時間的な意の「暇」に、空間的な意の「隙（ひま）」を掛ける。○なにはのことも　「なには」は、地名の「難波」に「何」を掛ける。「津の国のなにはのことも思はずて長洲に遊ぶたづの代を知れ」（相模集I、三八八）。○嘆かるる　自然と嘆かれてしまう。「るる」は自発の助動詞「る」の連体形。係助詞「ぞ」の結び。○こや津の国の　「こや」は、これがまあ、という意に、摂津の国の歌枕「昆陽（こや）」を掛ける。「津の国のこやとも人をいふべきにひまこそなけれ芦の八重葺き」（後拾遺集・恋二、六九一）。なお「こや」には「芦の八重葺き」との関係でさらに「小屋」を掛けるとする説もあるが、如何。○芦の八重葺き　芦を何重にも隙間なく葺いた屋根。空間的な意味の「ひまなくぞ」に関係する。

〔補説〕　一首だけの断簡だが、浅野家本と合致し、位置が確定できる。しかも29番歌につづき、「嘆き」の項にも合う。

31　あめふれはきしたにみえぬうとはまの
松よりもけにまさるわかこひ　（二一二）

32　しはしたになくさむやとてさころも

33

をかへす〳〵もかへしつるかな　（二三）

いのちたにあらはとはかりたのめしもなに

かこのころこひそしぬへき』　（二四）

〔所収〕　大成、他

〔通行本文〕

31　ナシ

32　しはしたになくさむやとてさころものかへす〳〵もなをそこひしき（五八一）

33　いのちたにあらはとはかりたのめともなにかこのころこひそしぬへき（五八五）

〔整定本文〕

31　雨降れば岸だに見えぬ有度浜のまつよりもけにまさるわが恋

32　しばしだに慰むやとてさ衣を返す返すも返しつるかな

33　命だにあらばとばかり頼めしも何かこのごろ恋ひぞ死ぬべき』

〔現代語訳〕

31　雨が降ると岸さえも見えない有度浜の、そのおぼろな松よりも一層おぼろな状態で待つことがまさる私の恋です。

32　夢を見ている間のほんの少しの間だけでも慰むかしらと思って、私は夜の衣を繰り返し繰り返し裏返しにしたことでした。

33　せめて命だけでもあったらとばかりこれまで頼みに思わせてきたのに、どうしてこのごろは恋ひ死にしてしまいそうなのでしょう。

〔他出〕　ナシ

〔語釈〕　31 ○有度浜　駿河国の歌枕。現在の静岡市南部、駿河区から清水区にかけてひろがる浜。羽衣伝説によった「有度浜に天の羽衣昔着て振りけむ袖やけふのはふりこ」（後拾遺集・雑六、一一七二）や、「有度浜のうとくのみやは世をば経む波のよるよる逢ひ見てしかな」（新古今集・恋一、一〇五二）のように、「疎し」を導くために用いられる用法が多いが、ここはやや特異な形で、解しがたい。上句の表現から一応おぼろな状態ととらえて解した。○まつよりもけに　「まつ」に「松」と「待つ」が掛けられているのであろう。「けに」は格助詞「より」を受けて、一層、よりまさって、の意を表す。

32 ○しばしだに　せめてほんのしばらくの間だけでも。夢を見ている間のことをいう。○さ衣　衣。衣服。「さ」は接頭語。○返しつるかな　夜、寝るときに衣を裏返しにすると、恋しい人が自分の夢に現れるとか、相手の人の夢に自分が現れるとか言われ、信じられていたらしい。「いとせめて恋しき時はむば玉の夜の衣を返してぞ着る」（古今集・恋二、五五四）。

33 ○命だに　せめて命だけでも。「だに」は副助詞。仮定的なことがらについて、最小限のものごとを挙げ、他のものごとを推し量らせる役割りを果たす。「命だに心にかなふものならば何か別れの悲しからまし」（古今集・離別、三八七）。○頼めしも　頼みに思わせたのも。「頼め」は下二段活用。頼りにさせる。あてにさせる。ここは自分自身に対してであろう。「し」は回想の助動詞「き」の連体形。

〔補説〕　いずれも恋の歌である。「嘆き」の項に含むと考えることも可能だが、針切では、現存部分にはない、どこかの段階で「恋」の項立てがなされているのかもしれない。

なお、31番歌に該当する歌は浅野家本にはないが、やや位置がずれて、五八四番に同じ「有度浜」を詠んだ歌が次のような形で載っている。

いつとなく恋するがなる有度浜のうとくも人のなりまさるかな

右の歌は新勅撰集・雑四（一二九八）にもまったく同じ形で載っている。針切本文に対し、浅野家本本文がより広く流布していたことが知られる好例である。

34 つれもなき人をしもやはしのふへきねたさ
もねたきわか心かな　（一一五）

35 みのうさをおもふは山にいりしよりなみた
をえこそせきもとゝめね　（一一六）

36 ものおもひの山となるまてつもるみをよし
のゝかはになけやしてまし　（一一七）

37 いはねともなけきのもりやしるからむ心
つくしにわかおもふこと』　（一一八）

〔所収〕　手鑑「飛梅余香」、大成

〔通行本文〕
34 つれもなき人をしもやはしのふへきねたさもねたきわか心かな（五八六）
35 身のうきをゝもはぬ山にゆきしよりなみたをえこそとゝめさりけれ（五八九）
36 ナシ
37 ナシ

〔整定本文〕

34 つれもなき人をしもやは偲ぶべき妬さも妬きわが心かな
35 身の憂さを思ふは山に入りしより涙をえこそ堰きもとどめね
36 もの思ひの山となるまで積もる身を吉野の川に投げやしてまし
37 言はねども歎きの森やしるからむ心づくしにわが思ふこと』

〔現代語訳〕

34 あれほど冷たい人を思い慕ったりすることがあるでしょうか、あり得ませんよ。それなのに、本当に腹立たしい私の心ですこと。

35 わが身の憂さを思うのは、山に入ってからずっと、涙を堰きとどめることができないことなのです。

36 もの思いがまるで山のようになるまで積もるこの私の身を、いっそのこと吉野の川にでも投げてしまおうかしら。

37 口に出しては言わないけれど、歎きの森、私が歎いていることは、はっきりしているのではないでしょうか。さまざまに心を尽くして思っていることは。

〔他出〕 ナシ

〔語釈〕 34 **○つれもなき** 形容詞「つれなし」の連体形に、強めの助詞「も」が割って入った形。冷淡な、冷たい。**○人をしもやは偲ぶべき** 「し」「も」は強め。「やは」は反語。人を偲んだりすることがあろうか、そんなことはない。**○妬さも妬き** 「妬し」は、しゃくだ、いまいましい、腹立たしいなどの意を表す。ここは繰り返しによる強調表現。

35 **○身の憂さ** 自分の身のつらさ。**○えこそ堰きもとどめね** 堰きとどめることができない。「え……打消」は「……することができない」意を表す。「ね」は打消の助動詞「ず」の已然形で、係助詞「こそ」の結び。

36**○山となるまで**　大変な量、あるいは時間をいう。「君が代は千代にひと度ゐる塵の白雲かかる山となるまで」（後拾遺集・賀、四四九）。**○吉野の川**　大和国の歌枕。万葉以来盛んに詠まれているが、なぜここに突然登場するか解せない。あるいは「吉野」に副詞の「よし」が掛けられているか。「流れては妹背の山の中に落つる吉野の川のよしや世の中」（古今集・恋五、八二八）。**○投げやしてまし**　投げてしまおうかしら、どうしよう。「や……まし」はためらいの気持ちを表す。「し」はサ変動詞「す」の連用形、「て」は完了の助動詞「つ」の未然形で、強調表現。

37**○歎きの森**　もともとは、たとえば「ねぎ事をさのみ聞きけむやしろこそ果ては歎きの森となるらめ」（古今集・誹諧、一〇五五）などのように、「歎き」に「木」を掛けた比喩的な表現だったのだが、のちに「歎きの森、国未勘之／惑はるる歎きの森のさねかづら絶えぬや人のつらさなるらむ」（夫木抄・雑四、一〇〇三七）などとあるように、「国未勘之」ではあるが、具体的な歌枕と意識されるようになったらしい。ここもすでに歌枕としての意識があるか。**○しるからむ**　「歎きの森や」の「や」を受けて、はっきりしているだろうか。「しるから」は、形容詞「しるし」の未然形。**○心づくし**　さまざまに心を尽くすこと。さまざまにもの思いをすること。「木の間より洩りくる月の影見れば心づくしの秋は来にけり」（古今集・秋上、一八四）。

〔補説〕　いずれも「もの思ひ」の歌である。広く「嘆き」の項にも属し得るが、あるいは「恋」とか「もの思ひ」なる項が存在したたか。

38
もしほくさあきの葉山にかきあつめやくとは
ものをおもふなりけり

39
かせはやきあらいそかくるなみのまもわかも
のおもひのやむときそなき』

〔所収〕　山岸メモ

〔通行本文〕
38　ナシ
39　ナシ

〔整定本文〕
38　藻塩草あきの葉山に掻き集めやくとはものを思ふなりけり
39　風早き荒磯かくる波の間もわがもの思ひのやむ時ぞなき』

〔現代語訳〕
38　藻塩草を「あきの葉山」に掻き集めて焼く、私はもっぱらものを思うのでした。
39　風が早い、荒磯が隠れるような、そうした波と波との間のほんの僅かな間も、私のもの思いはやむ時がありません。

〔他出〕　ナシ

〔語釈〕　38　**〇藻塩草**　製塩のために用いられた海藻。海水を注いで、塩分を含ませ、その海藻を焼いて、水に溶かし、上澄みをさらに煮詰めて、塩を製する。作業のために掻き集められたことから、歌では、「掻き集め」「掻きつめ」、あるいは掛詞として「書き」などとともに詠まれることが多い。「与謝の浦に藻塩草をば掻きつめてものあらがひは拾はざらなむ」（相模集Ⅰ、一九七）。「見し人は世にもなぎさの藻塩草かきおくたびに袖ぞしほるる」（新古今集・哀傷、八四三）。**〇あきの葉山**　未詳。藻塩草は海のものであり、前述の例でも、「与謝の浦」「なぎさ」など、当然ながら海に関係するものが多く、「あきの葉山」が何を意味するのか理解しがたいが、上三句は「やくとは」を導く序詞の役割りを果たしているのであろう。**〇やくとは**　藻塩草を「焼く」と、もっぱら、ひたすら、の意を表す「役と」との掛詞。「四方の海に塩焼くあまの心からやくとはかかるなげきをや積む」（紫式部集Ⅰ、三〇）。

39 **○風早き荒磯かくる波の間も** 「かくる」は「隠る」か。もっとも「隠る」は平安時代以降はもっぱら下二段活用なので、このままでは終止形となり、落ち着かない。ここは連体修飾で「隠るる」とありたい。あるいは「掛く」の連体形で、荒磯に掛かる波、の意か。その場合は「荒磯に」とありたい気がする。「風早き」「荒磯かくる」がいずれも「波の間」にかかり、そうした荒々しい、ほんの僅かな間も、の意であろう。

〔補説〕 二首とも浅野家本には見えないが、いずれも「もの思ひ」の歌なので、配列としては34〜37番歌につづく断簡と見て大過ないであろう。

40 ものをのみおもひいり火の山のはにかゝる
うきみとなとてなりけむ　（二九）

41 おもひつゝいはぬ心のうちをこそつれなき
ひとにみすへかりけれ』　（三〇）

〔所収〕 手鑑「月台」、大成、他

〔通行本文〕

40 ナシ

41 ナシ

〔整定本文〕

40 ものをのみ思ひ入り日の山の端にかかる憂き身となどてなりけむ

41 思ひつつ言はぬ心のうちをこそつれなき人に見すべかりけれ』

〔現代語訳〕
40 ひたすら深くものを思うばかりのこうしたつらい身と、私はどうしてなってしまったのでしょうか。
41 心の中では思いながらも口に出しては言わない、そうした私の心の中をこそ、あの、冷淡な人に見せるべきであった。

〔他出〕 ナシ

〔語釈〕 40 **○思ひ入り日の** 断簡本文には「おもひいり火の」とあるが、意味的には「入り日の」であろう。深く思う意の「思ひ入り」に「入り日」を掛ける。「けふはいとど涙にくれぬ西の山思ひ入り日の影をながめて」（伊勢大輔集Ⅰ、一〇三）。**○山の端** 山の稜線。山が空に接する部分。「夕日のさして山の端いと近うなりたるに」（枕草子・春はあけぼの）。**○かかる** 「懸かる」と「斯かる」との掛詞。「入り日の山の端に」は「かかる」を導く序詞的役割りを果たす。

41 **○つれなき人** 冷たい人。冷淡な人。「つれなし」は、主として対人関係において一方が他方の働きかけに対して無反応な様子を表す。**○見すべかりけれ** 見せるべきであった。「べかり」は、ここは当然の意を表す「べし」の連用形。「べかりけり」は、今にして思えば、という気持ちでいう。「ともかくも言はばなべてになりぬべし音に泣きてこそ見すべかりけれ」（千載集・恋五、九〇六）。

〔補説〕 やはりいずれも浅野家本には見えない歌で、意の如くにならない恋のため、二首とも「もの思ひ」にふける歌である。

42
くたく□《ママ》れとなほうせゝぬはかきりなくも
のおもふ人のみにこそありけれ　（三一）

43 ゆめさむるあかつきかたのとこのうらは
なみたのうみとなりにけるかな　（三二一）

44 うはたまのよるはゆめにもなくさめつ
ひるこそものはわひしかりけれ』　（三三）

〔所収〕　大成、他

〔通行本文〕

42 ナシ

43 ナシ

44 ナシ

〔整定本文〕

42 くたく□《ママ》れとなほ失せせぬは限りなくもの思ふ人の身にこそありけれ

43 夢覚むる暁方のとこの浦は涙の海となりにけるかな

44 うばたまの夜は夢にも慰めつ昼こそものは侘びしかりけれ』

〔現代語訳〕

42 砕けるけれどもなお失せたりしないのは、際限なくもの思いをする人の身だったのでした。もの思いをする人にとってはどこまでいっても終わりというのはないのですね。

43 夢が覚める暁方の床、鳥籠の浦は、あふれ出る涙のために海となってしまったことですよ。

44 あの人に逢えないことも夜は何とか夢の中でも慰めることが出来た。それに較べて、昼は本当にもの侘びしいことでした。

〔他出〕 ナシ

〔語釈〕 42 **○くたく□**(ママ)**れと** 断簡本文は一字分摩滅して判読不能だが、全体で六音になるので、その一字分を除くと「砕くれど」となるか。 **○失せせぬは** 「失せせぬ」は他に用例が見当たらないが、「失せ」という名詞にサ変動詞「す」が伴い、さらに打消の助動詞「ず」の連体形が伴った形か。失せるということをしないのは。**○もの思ふ人** ここは恋のためにであろうが、もの思いにふける人。もの思いに悩む人。「唐衣たつたの山のもみぢ葉はもの思ふ人の袂なりけり」(後撰集・秋下、三八三)。

43 **○夢覚むる** 恋人との逢瀬の夢でも見ていたのであろう、現実の逢瀬ではなかったのである。**○とこの浦** 「暁方の床」と「鳥籠の浦」とを掛ける。「鳥籠の浦」は、能因歌枕には「阿波国」、八雲御抄には「石見」、夫木抄には「近江」、五代集歌枕には「国不審」などとあり、一定していない。「やくとのみ枕の上に潮垂れてけぶり絶えせぬとこの浦かな」(後拾遺集・恋四、八一四)。

44 **○うばたまの** 「黒」「夜」「髪」などにかかる枕詞。「ぬばたまの」に同じ。平安時代以降「うばたまの」、あるいは「むばたまの」などとも表記されるようになった。**○夢にも慰めつ** 実際には逢えなくても夢の中では逢うことも可能という。

〔補説〕 やはりすべて浅野家本には見えない歌で、「もの思ひ」歌のつづきである。43、44番歌には「夢」の語が見られる。

45

ゆめにたにみゆやとねても心みむおもひおこ
する人はなくとも (三四)

46 つねよりもけさのとこゝそおきうけれこ
よひいかなるゆめをみつ覧　（三五）

47 うへみてもおほつかなきは人にたにか
たりあはせぬゆめにさりける』　（三六）

〔所収〕　大成、他

〔通行本文〕

45 ナシ
46 ナシ
47 ナシ

〔整定本文〕

45 夢にだに見ゆやと寝ても試みむ思ひおこする人はなくとも
46 常よりも今朝の床こそ起き憂けれ今宵いかなる夢を見つらむ
47 うべ見てもおぼつかなきは人にだに語り合はせぬ夢にざりける』

〔現代語訳〕

45 せめて、誰か夢の中にでも見えるかと、寝て試してみよう。たとえ私のことを思ってくれる人はいなくても。
46 いつもよりも今朝の寝床は起きるのがつらいことだ。ゆうべ、どんな夢を見たのだろう。
47 なるほど、実際に見たところでもどかしく思われるのは、人にさえも語り合わすことの出来ない夢だったのでした。

〔他出〕 ナシ

〔語釈〕 45**○見ゆやと** 見えるかと。「や」は疑問。**○思ひおこする** 下二段活用の連体形なので、「思ひ起こす」ではなく「思ひ遣す」であろう。向こうから思ってくれる。関心を寄せてくれる。

46**○起き憂けれ** 「起き憂し」の已然形。係助詞「こそ」の結び。起きるのがつらい。**○今宵** 今夜。今晩。あるいは夜が明けてからでも、その同じ夜のことを指すのであれば、現代語では「昨夜」「ゆうべ」というべきところを、「今宵」という。ここは後者。「いたう降り明かしたるつとめて、『今宵の雨の音はおどろおどろしかりつるを』などのたまはせたれば」(和泉式部日記)。

47**○うべ見ても** 断簡本文には「うへみても」とあるが、「上見ても」では意味が通じない。「うべ」は平安期では通常「むべ」と表記し、「吹くからに秋の草木のしをるればむべ山風をあらしといふらむ」(古今集・秋下、二四九)のように用いられるが、ここはその「むべ」と同じ語であろう。なるほど、いかにも、もっともだ、などの意を表し、「おぼつかなきは」にかかる。**○おぼつかなきは** 「おぼつかなし」は、対象がぼんやりしていてはっきりしない、また、そのために、不安だ、もどかしい、気がかりだ、不審だ、などの意を表す。**○人にだに語り合はせぬ夢にざりける** 人にさえも語り合わせることのない夢だった。一体どんな夢だろう。恋人との秘やかな交渉をさすのだろうか。「夢にざりける」は「夢にぞありける」がつまった形。「照る月の流るる見れば天の川出づるみなとは海にざりける」(土佐日記・一月八日)。

〔補説〕 やはり浅野家本にはなく、すべて「夢」に関する歌である。43、44番歌につづく断簡と見て差し支えなかろう。

48

ひともかなかたりくらさんはりまなるゆ

めさきかはをうつゝにそみし』

〔所収〕 泉屋博古館蔵手鑑 （口絵④参照）

〔通行本文〕

48 ナシ

〔整定本文〕

48 人もがな語り暮らさむ播磨なる夢前川をうつつにぞ見し

〔現代語訳〕

48 誰か話し相手となる人がいるといいなあ。一日中語り暮らそう。あの、夢という名を持つ播磨の夢前川を、私は夢ではなく、まさに現実に見たのですよ。

〔他出〕 ナシ

〔語釈〕 48 **○人もがな** 誰か人がいてほしい。「もがな」は願望を表す終助詞。**○播磨なる** 「播磨」は現在の兵庫県西南部。**○夢前川** 兵庫県姫路市を流れる川。「播磨の国、夢前川を渡るとて／別れても寝るとはなしにわが見つる夢前川を誰に語らむ」（夫木抄・雑六、一二二四五）。〔補説〕参照。**○うつつ** 現実。「夢」に対していう。

〔補説〕 歌一首、二行だけの断簡なので、実は相模集の断簡なのか、重之子僧集の断簡なのか、はっきりとはわからない。ただし一般的には相模集の歌には詞書がなく、重之子僧集の歌には詞書があるという違いはある。もちろん断簡であるから、単に物理的な理由によって詞書の部分が失われているのかもしれず、決定的な判断はむずかしいが、内容的には極めて乙女チックなもので、僧侶の詠んだ歌とは到底思えない。

また、この歌にも「夢」の語が用いられている。従って43、44番、ないし、45、46、47番の断簡につづくものと見ることも一応は可能であるが、「もの思ひ」ないしは「恋」にかかわる歌でないことは問題になろうか。

なお、相模の母、慶滋保章女は、相模を生んだのち（相模の父については未詳）、源頼光と再婚し、頼光の赴任先である但馬国に赴いている（金葉集・雑下、六五九）。その折相模も同行したかどうかについては問題あるところだが（近藤みゆき『古代後期和歌文学の研究』「相模とその生涯」は否定的、『相模全釈』は家集中の歌の内容からその可能性について言及している）、もし、娘時代に但馬に行く折があったとすれば、「播磨なる夢前川」を実際に見た可能性はあると思われる。当該歌が相模の作であった場合は、当然ながらそうした問題ともかかわってこよう。

解説

一、伝行成筆古筆切

いわゆる三跡の一人であり、世尊寺家の祖である藤原行成の筆とされる古筆関係の資料は多い。有名な粘葉本和漢朗詠集をはじめ、近衛家本和漢朗詠集、関戸家本古今和歌集など、いずれもそうであるが、残念ながら行成の真筆とされているものはすべて書状や白氏詩巻、白氏文集切などの漢字作品に限られ、仮名作品では現段階では確実な資料は見当たらない。

当然ながら和泉式部続集切も針切相模集も、行成筆というのはいずれも伝称である。もっとも和泉式部続集切と針切相模集とでは口絵にも示したように明らかに筆跡が異なっているし、和泉式部続集切の場合は前半と後半とで微妙に筆跡が異なり、一般に前半を甲類（あるいは第一種）、後半を乙類（あるいは第二種）などと呼びならわしているが、そのうち一点だけならともかく、三点すべてが同じ行成筆というのはそもそもあり得ない話ではある。

行成は天禄三（九七二）年に生まれ、万寿四（一〇二七）年に五十六歳で没している（小右記）。一条朝における四納言（他に、藤原公任、藤原斉信、源俊賢）の一人とされ、道長にも信頼されて、いわば能吏として活躍した。若いころから書をよくし、彼の書いたものは宮中では奪い合いだったことなどが枕草子にも見えるが、実際に歌集の書写に従事したことは、たとえば紫式部日記に、道長が中宮彰子へ贈ったものとして、

手筥一よろひ、かたつかたには、白き色紙つくりたる御冊子ども、古今、後撰集、拾遺抄、その部どもは五帖につくりつつ、侍従の中納言、延幹と、おのおの冊子ひとつに四巻をあてつつ、書かせたまへり。表紙は羅、紐おなじ唐の組、かけごの上に入れたり。下には能宣、元輔やうの、いにしへいまの歌よみどもの家々の集書

きたり。

とあることによっても明らかである。右の記事は寛弘五（一〇〇八）年九月、中宮彰子が土御門殿で皇子を生み、宮中に還られた十一月のことである。行成三十七歳、「侍従の中納言」というのが行成である。具体的にどの集を行成が担当し、どの集を延幹が担当したかはわからないが、行成の日記である権記、寛弘五年八月の項に、

十五日、癸卯。雨。衙に参る。内に参る。左府に詣づ。去ぬる月二十八日に給はる所の後撰和歌集を奉る。新たに書くなり（原漢文）。

とあるのは、時期的にいっても右の後撰集とかかわりがあるのではないかと思われる。とにかく古今集など三代集をはじめとし、能宣、元輔や、「いにしへいまの歌よみどもの家々の集」を彼が書写していたらしいことは確実なのである。

一方、和泉式部や相模の生没年ははっきりしないが、推定では和泉式部は行成とほぼ同年齢、相模は二十歳ほど若いのではないかとされている。和泉式部正集に、

これを見て一品の宮の相模（四七二）

同じころ、相模がめのもとより、おばのもとに（四八二）

公資がめともろともに来て、枕乞へば、出だしたるに、返すとて、書きつけて返したる（五二二）

柏野より、何とかや、相模へやるとて（五八二）

などとあるのはいずれも相模のことであろうと思われ、両者の交流はかなり深かったと想像されるが、行成との関係はどうか。為尊親王や敦道親王と行成は非常に近い関係にあったことは間違いないらしいので、和泉式部とも何らかの交渉があったかもしれないとは思う。しかしその家集まで書写したかどうか。行成がその生涯の書写活動の

中で彼女らの家集を絶対に扱わなかったとは断言できないが、可能性は、特に相模集の場合、年齢的な差からいっても極めて低いのではないだろうか。

もっとも現存する続集切、針切に限って言えば、古筆研究者による一致した見解では、いずれも行成の時代よりもずっとあと、平安後期における写、と認定されている。

二、和泉式部集の伝本

現存する和泉式部集の伝本の数は多いが、基本的には次の六種にまとめられている。

1　和泉式部正集
2　和泉式部続集
3　宸翰本和泉式部集
4　松井本和泉式部集
5　雑種本和泉式部集
6　伝行成筆和泉式部続集切

右のうち、中心となる本文は1と2で、いわば第一次的家集と認定されるものであり、それに較べると、3、4、5は、後世の抜粋本的な性格をつよく持ち、第二次的な家集とされるものである。前者は式部自身が直接関与した歌稿、と言い切っていいかどうかについては問題があるが、少なくともそうした歌稿に近い、原資料を集成した本文、と考えてよいであろう。ただし正集、続集という名称はきわめて便宜的なもので、その「正」「続」に特別の意味はない。本来一体であったかとする考え方もあるが、現存本は正集に異本が多く、続集にはほとんど異本が見られないといった違いがある。もし何らかの事情で二つに分かれたとするなら、相当早い時期と考えるべきであろう。両者ともにかなりの重出歌があることでも知られる。

本文はいわゆる榊原家本が最もすぐれているとされる。正、続いずれも定家所持本系で、『新編国歌大観』、『新編私家集大成』、岩波文庫版『和泉式部集』、笠間書院版『和泉式部集全釈』など、現在活字化されているほとんどの底本に採用されている。日本古典文学影印叢刊『榊原本私家集㈠』に本文が影印され、容易に利用が可能であり、本書においても、通行本文として、また対照一覧の基礎資料として、当然ながら榊原家本を用いた。

問題は本書の底本に用いた6の伝行成筆和泉式部続集切である。現在のところ、五四葉、一〇〇首ほどが知られ、詞書だけの箇所も含めると、全体で一〇七首ほどにはなろうかと思う。「ほど」というのは、実は断簡面でも、歌数面でも、明確に言い切れない部分があるからである。もと列帖装の冊子本であったらしいが、断簡そのものがすべて完全に一葉の形態で残っているわけではない。二、三行だけの断簡もあるし、本来他の部分だったのを貼り合わせ、いかにも一葉の断簡であるかのようによそおっているものもある（83番歌〔補説〕参照）。また歌も、完全な姿をとどめていないものがあり、それらは一応榊原家本によって補ったが、本来の断簡本文と完全に同じものであるという確実な保証はない。

資料としては、比較的閲覧しやすく、かつ、現時点で最も量が多いものとして、

小松茂美『古筆学大成　19』講談社　平成4

がまず挙げられる。模写も含めて計四五葉ほど。そのほかには、

吉田幸一『和泉式部全集　本文編・資料編』古典文庫　昭和34・41

桑田笹舟『和泉式部集』書道笹波会　昭和53

などがあり、「大成」の欠を補う部分がある。また、

中藪久美子「近衛家煕臨・伝行成筆『和泉式部続集切』の出現」墨　昭和59・7

は、近衛家煕（予楽院）による模写の発掘とその紹介だが、計八葉、すべて現存しない断簡であり、資料的な価値が高い。

そのほか、部分的には、

日本名筆全集『第三期第四巻』書芸文化院　昭和34

平安朝かな名蹟選集『伝藤原行成筆和泉式部続集切』書藝文化新社　平成3

日本名筆選『伝藤原行成筆　針切　和泉式部続集切』二玄社　平成6

などがある。本文ならびに筆跡の確認に際し、手近なものとして参考になるかと思われる。

三、和泉式部続集切の内容と性格

古筆資料を中心にした研究は、その性格上、どうしても常に中間報告的な性格を帯びざるを得ない面がある。既出の断簡が少ない段階では、当然その範囲内での考察が行われるから、視野の狭いものになるのはやむを得ない。新しい資料が出てくる度に、それまでの考え方が確認されたり、あるいは訂正が迫られたりすることになる。

伝行成筆和泉式部続集切の場合も、ごく初期の段階は、資料の少なさからとんでもない理解のされ方がなされていた。原因は、

正月一日むめのはなをひとのおこせたるに
春やくるはなやさくともしらすけりたに
のそこなるむもれきなれは
七日

という断簡の存在である。この断簡が比較的早くから知られていたこともあって、「春やくる」の歌が正集（七二六）にのみあるところから、いわゆる甲類を「和泉式部正集切」、乙類を「和泉式部続集切」などと呼ぶ時代がしばらくつづいたのである。たとえば、吉沢義則『昭和新修　日本古筆名葉集』や、河出書房版『定本　書道全集』などがそうである。平凡社版『書道全集　新版』の時代に至ってようやく、右の歌はともかく、他の歌はすべて続集の歌であり、続集の断簡群であろうと認定されるようになる。ただしいわゆる甲類を「和泉式部続集上巻切」、乙類を「和泉式部続集下巻切」と称した。おそらくその時点では続集すべてが書写されていたものと考えたのであろう。

資料収集が進み、先述したように歌数にして一〇〇首を超える断簡が集められ、現在ではそれを基に考えられるようになった。それぞれの断簡における接続状況から考えると、まだまだ未知の断簡が出現する可能性は十分にあるが、その大枠はほぼ見当がつく。本書の巻末に添えた榊原家本との対照一覧を見れば明らかなように、残存状況はあるまとまりを示しているのである。たとえば甲類は、榊原家本でいうと四二番から一五九番までの間、乙類は三七三番から四七三番までの間、ということになる。おそらく今後発掘が進んで新しい断簡が出現しても、その内部が埋まるだけで、外に大きく広がることはまずないであろうと思われる。それは要するに、現存伝本のうち最も信頼でき、また基本的と思われている榊原家本本文とは、その範囲がかなり違うのではないかということでもある。

清水文雄説によれば、和泉式部集は正集にしても続集にしても、和泉式部自身の手に成るものを含んだ、いくつかの歌群の集合体であろうという。そう考えられる主な理由は、家集内に非常に多く見られる重出歌の存在という現象である。もし、はじめからまとまった形で家集が編纂されていれば、通常重出歌は考えにくいが、不自然なほど多いのは、それぞれがある時点で異なる事情のもとに成立し、伝来した歌群が、後世、精撰されずに、そのまままとめられた結果だったのではないか、というのである。従ってそれぞれの歌群内に重出歌が含まないようにし、歌群の性格上の特質を考慮すれば、もとの歌群は認定できるはずだ、とする。

その結果、正集は、A、B、C、D、E、の五歌群が考えられ、続集も、F、G、H、I、J、の同じく五歌群が考えられるとした。いま、当面の問題である続集の歌群を示すと、次のようになる。

F　一　〜　三七
G　三八　〜　一五九
H　一六〇　〜　四三一
I　四三二　〜　五六八
J　五六九　〜　六四七

確かにそれはひとつの考え方だし、大いに納得できる。たとえば続集切の甲類は右のG歌群にすっぽり入る。いわゆる帥宮挽歌群である。歌順がかなり違うのと、いわゆる五十首歌が欠けているのとが問題だが、それはそれでまた別に考える必要があるにしても、要するに続集切は続集全体の断簡ではなく、続集の基になった歌群の断簡だと考えればいいのであろう。乙類も、H歌群からI歌群にまたがってはいるが、やはりあるまとまりとして存在する。歌順はこちらはほとんど榊原家本本文と変わらない。しかしH歌群の冒頭二〇〇首ほどはまったく断簡群と関係がなく、I歌群後半の一〇〇首近くも関係がない。乙類と認定できるのはH歌群からI歌群にまたがる一〇〇首ほどだけである。これはこれでひとつの歌群だったとすると、少なくともこの点に関しては清水説には何らかの欠陥、ないしは誤りがあったのではないかと考えざるを得ない。

歌順が甲類は榊原家本とかなり違っていて、乙類はほとんど同じだということは、全体としては続集切の歌群がそのままいわば榊原家本本文の祖型だったと考えることはむずかしいことを意味する。特に甲類は間違いなく帥宮挽歌のみを集めた歌群と見てよいが、榊原家本本文ではその歌群の中心として存在する、

つれづれのつきせぬままに、おぼゆることを書き集めたる、歌にこそ似たれ、ひるしのぶ　ゆふべのながめ　よひのおもひ　よなかのねざめ　あかつきのこひ　これを書き分けたる

という詞書ではじまる、いわゆる五十首歌（現存本文では一一二番から一五七番までの四六首しかないが）を欠いている。おそらくその部分の断簡は今後出現する可能性はほとんどないのではないかと考えられる。なぜなら、榊原家本における一一〇番の歌、

二月許にまへなるたちばなを人のこひたるに、たゞひとつやるとて

とるもうしむかしの人のかににたる花橘になるやとおもへば

と、五十首歌直後の一五八番の歌、

宮の御服にてものみぬとし、みそぎの日、人の車に、それぞときくはまことかととひたる君達のありけるを、のちにきゝていひやる

それながらつれなき物は有もせよあらじとおもはでとひけるぞうき

が、次のように一葉の断簡のうちに収まっているからである。

こひのなりまさるかな（続九九）

まへなるたちはなを人のこひたるやるとて

17 とるもをしむかしの人のかにゝたるはなたち

花のなに《る》やとおもへは（続一一〇）

ふくにてものもみぬとしの御そきの日

くるまにありときくはまことかとゝひた

りけるきんたちのありけるをのちに（続一五八詞書）

続集切が書写された段階ではおそらくまだ五十首歌は単独で存在していたのであろう。それがいつか榊原家本のような形になる段階で統合されたのであろう。

一首一首の本文は榊原家本本文に較べ、時に、細かな箇所で疑問に思われるところもないわけではないが、これまで榊原家本の本文ではわからなかった箇所が、続集切本文の出現によって見事に解明されるところもまた出てきた。たとえば、榊原家本の一〇六番歌、

よのなかをおもひはなれぬべきさまをきゝて、ことなる事なきおとこの、我にをすてよといひたるに

たぐひあらばとはんと思ひし事なれどたゞいふかたもなくぞ悲しき

は、詞書と歌の内容とが合致しないが、断簡本文では、

世の中を思ひ捨つまじきさまにして、殊なることなき男のもとより、われに捨てよと言ひたるに

43白雲の知らぬ山路を尋ぬとも谷のそこには捨てじとぞ思ふ

と別な歌になっていて、「われに捨てよと言ひたるに」という詞書に対し、歌では、「谷のそこには捨てじとぞ思ふ」と呼応し、齟齬のない形になっている。もっとも、もともとあった「たぐひあらば」の歌が記されている断簡がまだ見つかっていないために、こちらは、どういう詞書とともにあり、どういう状況のもとで詠まれた歌であるかは現段階ではわからない。

また榊原家本四一七番の歌は、

よそ〳〵になりたるおとこの遠所よりきたる、いかゞきくと人のいひたるに

さ夜中にいそぎもゆくか秋の夜を有明の月はなのみ成けり（続四一七）

とあり、これも詞書と歌とが合致しないが、断簡本文では、

よそよそになりたる男の、遠き所より来たるを、いかが聞く、と人の問ひたるに

70来たりともよそにこそ聞け唐衣そのしたがひ』の今はつまかは

夜更けて出づる人に

71さ夜中にいそにも行くか秋の夜の有明の月は名のみなりけり

となっていて、内容的にどんぴしゃりと合致する。しかもこの場合は、次の歌の「さ夜中に」に対する詞書まで「夜更けて出づる人に」と添えられていて、こちらも見事に合致する。断簡本文出現の効果である。

なお、榊原家本一〇五番の歌は、

見出てやるとて

ねもたえずあしの生ふらんかたをみ本ノマ、

と下句を欠いているが、断簡本文では、

見つけて、やるとて

44ねも絶えであしのをふしもかたを見て

という断簡がまずあって、歌順の近い別の断簡に、

□□たの海は思ひやらなむ

とあり、それがおそらくつづくのであろうと思われる。「□□た」は「なみだ」であろう。この箇所は推定ではあるが、榊原家本本文の欠がこういう形で補うことも可能なように思われる。

正集にも続集にも、また、他のどの歌集にも見えない、いわば断簡特有歌に、

若宮に乳参りける人に

19この道のやらむめぐさにいとどしく目にのみ障る墨染めの袖

がある。式部には帥宮との間に子がいたであろうとは推定されていて、本朝皇胤紹運録に敦道親王の子として見える「永覚」なる人物がそうではないかとされる、「石蔵の宮」と呼ばれた人物である。19番の補説においてもくわしく述べたが、断簡本文によってまた新しい資料が出現したことになる。

以上、和泉式部続集切の持つ比較的大きな価値について述べてきたが、筆跡に甲類と乙類の二種類あるということは一体どういうことなのか。両者は料紙も同じ、書写様式も特に変わらず、成立はおそらく同時期であろうとされている。これまで別冊かどうかについての議論もないことはなかったが、ほとんど問題とされてこなかった。しかし甲類は明らかに帥宮挽歌群で、乙類は現在の続集本文でいうと帥宮挽歌群からはかなり離れたところに位置す

る歌群であり、あるいは別冊だった可能性が非常に高いのではないかと考えられる。改めて問題にしていいことのように思われる。

四、相模集の伝本

一方、現存相模集の伝本は、通常次の四種に分類される。

1　流布本　浅野家本相模集
2　異本A　宮内庁書陵部蔵相模集（五〇一・四五）
3　異本B　宮内庁書陵部蔵思女集（五〇一・三三）
4　異本C　針切相模集

1は、冒頭に、

いと我ばかりとのみおぼゆる、梓の杣に朽ち果てにける深山木を、いかにとばかり、木高きかげもやと頼みし折は、残りゆかしう、花、もみぢ、雨、風につけても、おのづから散る言の葉を書き置きたらば、水屑に寄らむ流れなりとも、浅きかたにや、と堰きとどめしを……

という自序を持ち、内部に一部乱れが見られるものの、祖本は相模の自撰家集だったのではないか、と考えられ、現存の相模集伝本の中では最も基本的な資料とされているものである。総歌数五九七首。影印版が古典保存会によって『浅野侯爵蔵　古鈔本相模集』（解説　橋本進吉　昭和18）として出版されている。本書においても、当然ながら、通行本文として、また、対照一覧の基本本文として、最善本たるこの浅野家本を用いた。

2は、歌数三〇首、3の思女集は、二八首、いずれも小さな家集である。夫の夜離れを嘆いた歌が中心で、二二首もの共通歌を持ち、内容面でも成立面でも、両者は非常に関連が深いのではないかと考えられている。流布本である浅野家本の一九六番に、

何ごとにかあらむ、「もの思ふ女の集」とておぼえなきことどもを書きいだして、これ見知りたらむ、残り書き添へて必ず見せよ、とて人のおこせたれば

潮垂れて世を経るあまもこれはまだ書きけむかたも知らぬものをば

とあり、「もの思ふ女の集」、要するに「思女集」が、いわば他人の手に成るもので、相模自身はあずかり知らぬものであったことが知られる。

4が、本書の底本とした本文である。針切という名称はその筆跡があたかも針のように細く鋭いところからつけられたもので、新撰古筆名葉集「世尊寺殿行成卿」の項に、

針切　四半、カナ文字細キ故ニ云

とある。相模集のほかに重之子僧集も書写されており、こちらは現在七〇首ほどが知られている。もっとも「重之の子の僧」というのは他の文献にはまったく見えず、針切の一葉に、

こなたはしけゆきのこのそうのしふなり　仁与

とあるところから、歌人源重之の子で、僧侶であった人の家集であろうとされているものである。「こなたは」とあるから、もう一点はおそらく相模集だったと考えていいのであろう。

針切相模集は、現在のところ、『古筆学大成』を中心に、模写によるメモ、その他新出資料をも含め、都合一六葉、四八首ほどが知られる。模写によるメモとは、かつてご自身の研究のために集成書写された山岸徳平メモなる

ものが実践女子大学に蔵されており、現存資料と比較すると当然ながら極めて忠実な資料と認められるので、原断簡の見られないもの一葉を本文として示した。

五、針切相模集の内容と性格

巻末の対照一覧を見れば明らかなように、針切相模集は、4番歌（浅野家本四七番）を除いて、流布本である浅野家本と合致する歌はすべて五二八番歌から五九二番歌までの中に収まっている。五二八番歌から五九二番歌までの歌群は、浅野家本では、春、夏、秋、冬、雑という部立を持ち、末尾に、

これはまことにいはけなかりしうひごとに書きつけて、人に見せむこそあさましけれ。

と記されているものである。「いはけなかりしうひごと」とあるので、おそらく幼少のころの手習いのような作品群であったと想像されるのだが、近藤みゆき『古代後期和歌文学の研究』は、これを単なる初期作品の秀歌撰ではなく、現在は六五首しかないが、相模集における他の百首歌、たとえば有名な走湯百首などと同じく本来百首歌だったのではないかと推定している。おそらくそうであろうと私も思うが、この「初事（うひごと）歌群」と針切相模集とは非常に密接な関係にあることはまず間違いないと思われる。

ただ、両者の内容を仔細に倹すると、さまざまな問題が出てくる。、先述したように初事歌群以外の歌が一首混入していることも問題だが、それよりも、両者を比較すると現存部分だけでもあまりにも違いが大きすぎるのである。浅野家本六五首、現存針切本四八首のうち、共通する歌は二九首しかない。残りの一九首はいわば針切本特有歌なのである。また共通する歌でも、たとえば歌群冒頭の、浅野家本五三四番、

さはみづにかはづもなけばさきぬらむゐでのわたりの山ぶきのはな

は、針切本1では、

さわ水にかはづもいたくすだくなりいまやさく覧ゐでの山吹

というように、大きく表現が異なっている。

また同じ「蚊遣り火の煙」と「下の焦がれ」が詠まれ、同じ位置にある歌でも、

かやり火はけぶりのみこそたちあされしたのこがれはわれぞわびしき

という浅野家本五四三番の歌が、針切本10では、

ところせくたつかやり火のけぶりかなわが身もしたにさこそこがるれ

と、まったく異なる歌になっているし、

いつとなくこひするがなるうどはまのうとくも人のなりまさるかな

と「有度浜」を詠んだ浅野家本五八四番の歌が、針切本31では、

あめふればきしだにみえぬうどはまの松よりもけにまさるわがこひ

というまったく異なった歌となって、しかもまったく異なった位置に置かれている場合もある。これらはどう考えたらいいのだろうか。それぞれの補説の項でも述べてきたが、単に書写上の問題として片づけられるような種類のものではなさそうに思われるのである。

針切本と浅野家本の先後関係は、常識的に考えれば針切本のような本文がまずあって、流布本である浅野家本のような本文があとから成立したと考えられよう。もちろん現存本における書写の古さだけが主たる理由ではない。定数歌のようにまとまった歌群は、本来単独で存在し、後に総合体としての家集に組み込められるのが普通の形だ

と考えられるからである。先に述べた和泉式部続集切の甲類が、いわゆる五十首歌を持っていなかったのとちょうど逆の形である。続集切の場合は、五十首歌に属する歌が一首も存在しないことによって、かつて独立していたのであろうと考えられ、針切相模集の場合は、初事歌群の歌しかないことによって、もともとこの部分は独立していたのではないかと考えられるわけである。

そうとすると、本文に変化が生じたのは当然ながら流布本の段階においてであって、その逆は考えにくかろう。もっとも浅野家本においても現存初事歌群は六五首しかないのだから、本来百首歌だったとすると、現存本は三五首もの歌が失われていることになる。針切本に特有歌が多いのはあるいはそのことと関係があるのかもしれないが、歌の表現の違いは単なる書写上のミスとは考えにくいように思われる。最終的に作品をまとめる際に、彼女自身が何らかの形で手を入れたと考えざるを得ないのかもしれない。

ただ、先にも述べたように、針切本の書写年代は平安後期であろうというのが古筆研究者諸氏の一致した見解でもある。そうとするとまた厄介な問題が起こってこよう。流布本には自序めいたものがあり。相模自身の手に成るものであろうから、当然ながら彼女の生存中の所為となる。そこで手が加えられた本文が世に流布する一方、もとの歌群もどこかでひっそりと平安後期まで生きながらえていたということでなければならない。

初事歌群の歌が他の勅撰集や私撰集などとどうかかわっているかを調べてみるのもまた興味深い。たとえば針切の2番、

かすみだにみやこにしばしたちどまれすぎゆくはるのかたみともせん

は、浅野家本五三五番では、

かすみだに山ぢにしばしたちどまれすぎにしはるのかたみともみむ

となっているが、新勅撰集・春下、一三七番では、

かすみだに山ぢにしばしたちどまれすぎにしはるのかたみともみむ

となっていて、浅野家本とまったく同じなのである。またたとえば針切の29番、

時〳〵はいかでなげかじとおもへどもならひにければしのばれぬ哉

も、浅野家本五七二番では、

ひとぎゝもうたてなげかじと思へどもならひにければしのばれぬかな

となっていて、万代集・恋三、二三四〇番に見える、

ひとぎゝもうたてなげかじと思へどもならひにければしのばれぬかな

と、やはり浅野家本とまったく同じなのである。対照一覧を見てもわかるように、いわば針切特有歌は一首も勅撰集などには採られていないという事実もある。後世相模集のテキストとされたのはもっぱら流布本系であって、針切本はほとんど流布していなかったということになる。重之子僧集の歌が一首も勅撰集などに見えないのとそれは軌を一にする。針切本系の本文は長らくどこかに秘蔵されていた可能性がが強いと言わざるを得ないのである。世間の目に触れ、尊重されるようになったのは、おそらく断簡となってからであろうと思われる。

なお、針切本は特有歌が多いだけに、断簡の配列も問題となる。一葉のうちに一首でも浅野家本と一致する歌があれば位置が確定するが、38番から48番までの五葉はすべて特有歌だけの断簡である。一応まとめて末尾においたが、内容的にはすべて雑部に属する歌とみてよいだろう。針切本には浅野家本にない「なげき」という部立もあるが、位置の確定できる34番から37番までの一葉はおそらくその「嘆き」の歌で、後半二首は「もの思ひ」を詠んだ歌である。また、つづく38、39の一葉、40、41の一葉、42、43、44の一葉、都合三葉もすべて「もの思ひ」の歌で、

43、44の歌には「夢」の語が入り、45、46、47の一葉と、48の一葉には「夢」のつづきになると認められるので、絶対に間違いないとは言い切れないけれど、本書のとった配列は一応それなりに筋が通っているように思われ、おそらくあまり大きな過誤はないであろう。

参考文献

〔古筆関係〕

吉沢義則『昭和新修　日本古筆名葉集』白水社　昭和27

河出書房版『定本　書道全集』昭和29

平凡社版『書道全集　新版』昭和30

飯島春敬『日本名筆全集　第三期第四巻』書芸文化院　昭和34

平安朝かな名蹟選集『伝藤原行成筆　針切』書芸文化新社　昭和48

平安朝かな名蹟選集『伝藤原行成筆　和泉式部続集切』書芸文化新社　昭和50

桑田笹舟『和泉式部集』書道笹波会　昭和53

中藪久美子「近衛家煕臨・伝行成筆『和泉式部続集切』の出現」墨　昭和59・7

日本名跡叢刊『亀山切古今集　針切相模集他　和泉式部続集切』二玄社　昭和60

小松茂美『古筆学大成 19』講談社　平成4

日本名筆選『針切　和泉式部続集切』二玄社　平成6

〔和泉式部集関係〕

吉田幸一『和泉式部全集』本文篇・資料篇　古典文庫　昭和34、41

吉田幸一『和泉式部集　定家本考』上・下　古典文庫　平成2

清水文雄『和泉式部集・和泉式部続集』岩波文庫　昭和58

清水文雄『和泉式部研究』笠間書院　昭和62

清水文雄『和泉式部歌集の研究』笠間書院　平成14
鈴木一雄「和泉式部続集切　甲類・乙類について」『日本名筆全集』第三期第四巻（付載）書芸文化院　昭和34
佐伯梅友・村上治・小松登美『和泉式部集全釈　続集篇』笠間書院　昭和52
佐伯梅友・村上治・小松登美『和泉式部集全釈　正集篇』笠間書院　平成24
日本古典文学影印叢刊『榊原家本私家集』貴重本刊行会　昭和53
伊井春樹「和泉式部続集切考」平安文学論究　第五輯　昭和63
平田喜信『平安中期和歌考論』（和泉式部集に関する項）新典社　平成5
小松登美『和泉式部の研究』笠間書院　平成7
岸本理恵「定家監督書写の和泉式部集」国語国文　平成19・10
久保木哲夫『うたと文献学』（和泉式部続集切に関する項）笠間書院　平成25
※　※
寺田透『和泉式部』筑摩書房　昭和46
増田繁夫『冥き途　評伝和泉式部』世界思想社　昭和62
大橋清秀『和泉式部伝の研究』和泉書院　平成6
久保木寿子『実存を見つめる　和泉式部』新典社　平成12
武田早苗『和泉式部』勉誠出版　平成18

〔**相模集関係**〕

古典保存会『浅野侯爵蔵　古鈔本相模集』（解説　橋本進吉）昭和18
臼田甚五郎『平安歌人研究』（相模に関する項）三弥井書房　昭和51
鈴木一雄「針切本重之の子の僧の集について」墨美40　昭和29・12

武内はる恵・林マリヤ・吉田ミスズ『相模集全釈』風間書房　平成3
近藤みゆき『古代後期和歌文学の研究』（相模ならびに相模集に関する項）風間書房　平成17
久保木哲夫『うたと文献学』（針切相模集に関する項）笠間書院　平成25

断簡・流布本対照一覧

凡例

一　この一覧は、和泉式部続集は榊原家本、相模集は浅野家本を中心に、それぞれの断簡本文が現在どういう状況で残存しているかを示すものである。

二　表の中心に、それぞれ榊原家本、浅野家本の本文全文（歌番号　和数字）を置き、頭部に断簡本文の初句（歌番号　洋数字）を置いて、その残存状況を示した。また備考欄には必要事項のほか、他の勅撰集、私撰集との関係が明らかになるように、歌集名と歌番号とを示した。特に和泉式部集の場合は、正集や続集内部での重複する歌が多いので、その点にも配慮した。

三　掲出範囲は、それぞれ断簡が関係する範囲に絞った。すなわち和泉式部続集の場合は、いわゆる**G歌群**、**H歌群**、**I歌群**（解説参照）のみとし、相模集の場合は、いわゆる**初事**（うひごと）**歌群**のみを対照とした。

四　断簡特有歌の場合は、基本となる榊原家本、浅野家本にはない本文なので、その該当箇所に「ナシ」と記した。相模集では特有歌が異常に多いことが注意されよう。

和泉式部続集（榊原家本）

断簡本文の初句	榊原家本本文	備考
	F歌群（一〜三七）略	
	G歌群　宮の御卌九日、誦経の御そものうたする所に、これをみるかかなしき事、などいひたるに	
	三八　うちかへしおもへはかなしけふりにもたちをくれたるあまの羽衣	
	又人のもとより、おもひやるらむいみしき、などいひたるに	
	三九　ふちころもきしよりたかき涙かはくめるこゝろの程そ悲しき	
	同所の人の御許より、御手習のありけるをみよ、とてをこせたるに	
	四〇　なかれよるあはとなりなて涙川はやくの事をみるそ悲しき	
	しはすの晦の夜	
	四一　なき人のくるよときけと君もなしわかすむ里やたまなきのさと	後拾遺、哀傷、五七五 夫木・冬三、七六〇一
【甲類】	一日、人の許に	
1きくひとは	四二　きく人やいはゝゆゝしとおもふとてかすむ雲ゐをみにのみそみる	
	又、おなしやうなる事思ふ人に	
	四三　よそなからこゝろのうちのかよはぬに思ひやらるゝ人のうへかな	
	七日、ゆきのいみしうふるに、つれ〳〵とおほゆれは	

2きみがため	四四 君かためわかなつむとて春日野の雪まをいかにけふはわけまし	
3きみをまた	四五 きみをまたかくみてしかなはかなくてこそはきえにし雪も降めり	
	三月、つれ〳〵なる人のもとに、あはれなる御事なといひて	
	四六 すかのねのなかきはるひもある物をみしかかりける君そ悲しき	
	おなしわたりの人のもとに	
	四七 かすならぬ身をはさこそはとはさらめ君とはなとかかけて忍はぬ	
	南院の梅花を、人のもとより、これみてなくさめよとあるに	
4よそふれど	四八 よにふれと君にをくれてをる花はにほひてみえすすみ染にして	
5いかにして	ナシ	千載・恋四、八四〇
	つきせぬ事をなけくに	
	四九 かひなくてさすかにたえぬ命かな心を玉のをにしよらねは	続拾遺・雑下、一三三九
		万代・恋三、二三五六
	雨のいみしうふるひ、いかにと、ひたるに	
6いつとても	五〇 いつとても涙の雨はをやまねとけふは心のくもまたになし	続拾遺・雑下、一三四〇
	なをあまにやなりなまし、と思ひたつにも	
7すてはてむと	五一 すてはてんとおもふさへこそ悲しけれ君に馴にし我身と思へは	後拾遺・哀傷、五七四
	五二 おもひきやありて忘ぬをのか身をきみかかたみになさむ物とは	
8いまはただ	五三 今はたゝそよそのことゝ思ひてゝ忘るはかりのうきふしもなし	後拾遺・哀傷、五七三
	五四 かたらひしこゑそ恋しき俤はありしそなから物もいはねは	万代・恋四、二三六八
	五五 めにみえて悲しき物はかたらひし其人ならぬ涙成けり	
	そてのいたうぬれたるをみて	
	五六 をしきかなかたみにきたるふし衣たゝこの比にくち果ぬへし	千載・哀傷、五四八
	つきひにそへて、ゆくゑもしらぬこゝちのすれは	
41しぬばかり	五七 しぬはかりゆきてたつねんほのかにもそこにありてふことをきかはや	

断簡	流布本	出典
	又ほとへて、おはしまし、所を、もの、たよりにみて	
	五八 おもひきやちりもゐさりしとこのうへを荒たる宿となしてみんとは	
	冬の夜、ねさめして	
	五九 かたしきの袖はか、みとしほれともかけにも似たる物たにそなき	
	ひをけにひとりゐて	
	六〇 むかひゐてみるにもかなしけふりにし人をゝけひのはひによそへて	夫木・雑十八、一七〇三
	つく〳〵、たゝほれてのみおほゆれは	
20はかなしと	六一 はかなしとまさしくみつる夢のよをおとろかてぬる我は人かは	
21ひたぶるに	六二 ひたすらに別し人のいかなれはむねにとまれるこゝちのみする	万代・雑五、三五七一
	いかにせんとのみおほゆるまゝに	
	六三 かすならぬ身をも歎きのしけゝれはたかきやまとや人のみるらん	
	六四 なくさめにみつからゆきてかたらはんうきよの外にしる人もかな	
	六五 なそやこはいしやいはほのみともかなうきよの中をなけかてもへん	
22あさましの	六六 あさましのよはやま川の水なれやこゝろほそくもおもほゆる哉	
10みはひとつ	六七 身はひとつこゝろはちゝにくたくれはさま〳〵物のなけかしき哉	万代・恋三、二三四一
	やまふきのさきたるをみて	
11われがなほ	六八 われかなををらまほしきは白雲の八重にかさなる山吹のはな	
	雨のつれ〳〵なる日	
12あまてらす	六九 あまてらす神も心ある物ならはものおもふはるは雨なふらせそ	
14わがそでは	七〇 わか袖はくものいかきにあらね共うちはえてつゆのやとりとそ思ふ	夫木・雑九、一三一二二
	月日のはかなうすくるをおもふに	
13すくすくと	七一 すく〳〵とすくる月日のおしき哉君かあるへしかたそと思ふに	
	かしらをいとひさしうけつらて、かみのみたれたるにも	
9ものをのみ	七二 ものをのみみたれてそおもふ誰にかは今はなけかんむはたまのすち	夫木・雑十八、一七一六五

23いづこにと
24たえしとき
25おぼつかな
26たづねて
27みをわけて
28あかざりし
29あけたてば
49かぎりあれば
30やるふみに

ならはぬさとのつれ〴〵なるに
七三 かなしきはをくれてなけく身成けり涙のさきにたちなましかは
七四 いつこにと君をしらねはおもひやるかたなく物そかなしかりける
七五 身よりかく涙はいか丶なかるへき海てふうみは塩やひぬらむ
七六 たえしときこ丶ろにかなふ物ならは我か玉のをによりかへてまし
七七 おほつかな我身は田子の浦なれや袖うちぬらす浪の間もなし
七八 君とまたみるめをひせはよもの海の底のかきりはかつきみてまし
七九 おもへとも悲しき物はしりなから人のたつねていらぬふちかな
八〇 みをわけて涙のかはのなかるれはこなたかなたのきしとこそなれ
八一 あかさりし君をわすれん物なれやあれなれかはのいしはつく共
八二 あけたてはむなしき空をなかむれとそれそとしるき雲たにもなし
八三 わすれくさわれかくつめは住よしのきしのところはあれやしぬらん
つかはせ給ひし御す丶りを、おなし所にてみし人のこひたる、
やるとて
八四 あかさりしむかしの事をかきつくるす丶りの水は涙成けり
おほんふくぬきて
八五 かきりあれはふちの衣はぬきすて丶涙の色をそめてこそきれ
御ふみとものあるをやりて、経紙にすかすとて
八六 やるふみにわかおもふことしか丶れねはおもふ心のつくる夜もなし
御はてに、経なと供養して
八七 今もなをつきせぬ物は涙かなはちすの露になしはすれとも
御忌日に
八八 めのまへに涙にくちし衣てはこその今日まてあらむとやみし
なに心もなき人の御ありさまをみるも、あはれにて

万代・雑五、三五三三
万代・恋三、二三一六
夫木・雑六、一一一九五
万代・雑五、三五三二
続古今・雑下、一七六二

31わりなくも	八九　わりなくもなくさめかたき心かなこゝそは君かおなし事なれ 正月一日、人ゝの事いみしてものいふをきゝて 九〇　きく人のいめはかけてもいはておもふ心のうはけふもわすれす 正月一日はなを人のをこせたれは	
32はるやくる	（正七二六）春やくる花や咲ともしらさりきたにのそこなる埋れ木なれは 七日	新勅撰・雑二、一二〇〇
33おもひきや	九一　思ひきや今日のわかなもしらすしてしのふのくさをつまん物とは 子日のまつを人のもてきたるをみて	
34てもふれで	九二　てもふれてみにのみそみる万代をまつひきかけしきみしなけれは うくひすのなきつるはきゝつや、と人のとひたるに	
35いつしかと	九三　いつしかとまたれし物を鶯の声きかまうき春も有けり むめのはなをみて	万代・雑一、二七五一
36むめのかを	九四　むめのかを君によそへてみるからに花のをりしるみともなる哉	
37たをれども	九五　たをれともなき物おもひもなくさまし花は心のみなし成けり 三月晦かたに	
38たれにかは	九六　たれにかはをりてもみせん中〳〵に桜さきぬと我にきかすな 桜のいとおもしろきをみて	続千載・春上、六九 万代・春上、一九九
39はなみるに	九七　花みるにかはかりもの、悲しきはのへに心をたれかやらまし	
40こひしさは	ナシ 四月一日	
15かのやまの	九八　かの山のことやかたるとほとゝきすいそきまたるゝとしのなつかな 草のいとあをうをいたるをみて	
16わがこころ	九九　わか心なつの、へにもあらなくにしけくも恋のなり増るかな	

	よのなかをひたすらにえおもひはなれぬやすらひに 一〇〇 われすまはまたうき雲かゝりなん芳野の山もなのみこそあらめ 又ひとりことに	
42いのちあらば	一〇一 いのちあらはいかさまにせんよをしらぬむしたに秋はなきこそなけ 又	千載・雑中、一〇九五
	一〇二 わひぬれはゆゝしと聞し山鳥のありときくこそうらやまれぬれ 又	
	一〇三 なけやなけわかもろ声に呼子鳥よはゝこたへてかへりくはかり 御襪のありし、みあはすへき事なんありとて、人のこひたる、 やらんとてもとむるに、なけれは	
	一〇四 もとむれとあとかたもなしあしたつはくものゆくゑにましりにしかは みてゝやるとて	
44ねもたえで	一〇五 ねもたえすあしのをふらんかたをみ本ノマヽ よのなかをおもひはなれぬへきさまをきゝて、ことなる事なき おとこの、我にをすてよといひたるに	
43しらくもの	一〇六 たくひあらはとはんと思ひし事なれとたゝいふかたもなくそ悲しき かたらふ人のおともせぬに、おなしおほん思のころ	歌ガ異ナル
45なぐさめむ	一〇七 なくさめんかたのなけれはおもはすにいきたりけりとしられぬる哉 又人に	
46さるめみて	一〇八 さるめみていけらしとこそおもふらめ哀しるへき人もとはぬは 田舎なる人に、かくものおもふよしなといひやりて	正集、一二三四
47みても	一〇九 いかてかはたよりをたゝにすくすへきうきめをみてもしなすとならは 二月許に、まへなるたちはなを人のこひたるに、たゝひとつや るとて	

17とるもをし
48なぐさめむ

一一〇　とるもうしむかしの人のかににたる花橘になるやとおもへは
おほむ服になりしころ、月のあかきはみきやとあるに
一一一　なくさめんことそ悲しきすみ染の袖には月のかけもとまらて
つれ〴〵のつきせぬまゝにおほゆる事をかきあつめたる、歌に
こそにたれ、ひるしのふ　ゆふへのなかめ　よひのおもひ　よ
なかのねさめ　あか月のこひ　これをかきわけたる
ひるしのふ
一一二　ひる忍ふことたにことはなかりせは日をへて物はおもはさらまし
一一三　かきるらんいのちいつとも知すかし哀いつまて君をしのはん
一一四　君をみてあはれいくかに成ぬらん涙のたまはかすもしられす
一一五　やみにのみまとふ身なれはすみ染の袖はひるともしられさりけり
一一六　もろともにいかてひるまに成ぬれとさすかにしなぬ身をいかにせん
一一七　ひをふれと君を忘れぬ心こそ忍ふの草のたねと成けれ
一一八　君をおもふ心は露にあらねともひにあてつゝもきへかへるかな
一一九　きみなくていくか〳〵とおもふまにかけたにみえて日をのみそふる
一二〇　かくしあらはしにゝをしなんひとたひにかなしき物はわかれ成けり
ゆふへのなかめ
一二一　山のはにいるひをみても思ひ出る涙にいとゝくらさるゝかな
一二二　今のまのいのちにかへてけふのことあすのゆふへをなけかすもかな
一二三　夕暮はいかなるときそめにみえぬ風のをとさへあはれなるかな
一二四　たくひなく悲しき物はいまはとてまたぬ夕のなかめ成けり
一二五　をのかしゝ日たにくるれはとふ鳥のいつかたにかは君をたつねん
一二六　夕暮は君かかよひしみちもなくすかけるくものいとそ悲しき

玉葉・恋二、一四六八
万代・雑二、三〇六〇
続後撰・恋五、九六二
万代・恋五、二七〇二
万代・恋五、二七〇一

一二七　ひのやくとなけくなかにもいとせめて物侘しきは夕まくれかな
一二八　忘れすはおもひをこせよ夕暮にみゆれはすこき遠の山かけ
一二九　夕暮はくものけしきをみるからに詠しとおもふ心こそつけ
新古今・雑下、一八〇六

よひのおもひ

一三〇　さやかにも人はみるらんわかめには涙にくもるよひの月かけ
一三一　不尽のねにあらぬ我身のもゆるをはよひ〱とこそいふへかりけれ
一三二　こぬ人をまたましよりも侘しきは物おもふ比のよひゐ成けり
夫木・雑十八、一七一六二
一三三　宵ことに物おもふ人の涙こそち、のくさはのつゆとをくらめ
一三四　いとへともきえぬ身そうきうらやまし風のまへなるよひのともし火
一三五　月にこそ物おもふことはなくさむれみまほしからぬ宵の空かな
一三六　人しれすみ、にあはれときこゆるはもの思ふよひの鐘の音哉
一三七　かなしきはた、宵のまの夢のよにくるしく物をおもふ成けり
一三八　なくさめてひかりのまにもあるへきをみえてはみえぬ宵の稲妻
万代・恋四、二四四九
一三九　をきゐつ、ものおもふ人の宵の間にぬるとは袖のことにそ有ける
万代・恋一、一八八四

夜なかの寝覚

一四〇　わか袖はくらき夜なかの寝さめにもさくるもしるくぬれにける哉
一四一　物をのみおもひねさめのとこのうへにわか手枕そありてかひなき
一四二　こひてなくねにたにねはや夢ならていつかは君を又はみるへき
一四三　いかにしてくもとなりにしひと声にきかはやよはのかくはかりたに
一四四　夢にてもみるへきものをまれにても物おもふ人のいをねましかは
一四五　ね覚する身を吹とをす風の音をむかしはみ、のよそにき、けん
新古今・哀傷、七八三
一四六　まとろまてあかしはつるをぬる人の夢に哀とみるもあらなん
続詞花・恋下、六二五
一四七　いをしねは夜のまもものはおもはましうちはえさむるめこそつらけれ

断簡	流布本	他出
	一四八　中〳〵になくさめかねつからころもかへしてきるにめのみさめつゝ あか月の恋	
	一四九　住吉のありあけの月をなかむれはとをさかりにし人そ恋しき	新勅撰・雑四、一二八〇
	一五〇　こふるみはことものなれやとりのねにをとろかされしときはなにとき	
	一五一　夢にたにみてあかしつる暁の恋こそこひのかきり成けれ	新勅撰・恋三、八二五 続詞花・恋中、五九六
	一五二　夜もすから恋てあかせる暁はからすのさきに我そなきぬる	
	一五三　わか胸のあくへき時やいつならんきけははねかくしきも鳴也	
	一五四　たますたれたれこめてのみねしときはあくてふ事もしられやはせし	
	一五五　暁は我にてしりぬ山人もこひしきによりいそく成けり	
	一五六　明ぬやといまこそみつれ暁のそらはこひしき人ならねとも	万代・恋一、一八七八
	一五七　わかこふる人はきたりといかゝせんおほつかなしやあけくれのそら 宮の御服にてものみぬとし、みそきの日、人の車にそれそときくはまことか、ととひたる君達のありけるを、のちにきゝていひやる	
18それながら	一五八　それなからつれなき物は有もせよあらしとおもはてとひけるそうき	
19このみちの	ナシ	
	一五九　あふひくさつみたにいれすゆふたすきかけはなれたるけふの袂は みあれの日、葵を人のをこせたるに	
	H歌群	
	月のあかき夜、ほたるをこせたる人のもとに、又の日あめ○《の》いみしうふるに	
	一六〇　おもひあらは今宵の空をとひてましみえしは月のひかり成けり 又雨ふりし夜、ほたるをみて	新古今・雑上、一四九五

一六一　かくはかりほたるひかりのあかけれはあま夜の月もまたれさりけり
松の木にくものいかきたるに、つゆのをきたるをみて

一六二　さゝかにのいと、はかなき露といへと松にかゝれはひさしかりけり
とみゆるほとに、きゆれは

一六三　はかなしや朝日まつまの露をみてくもてにぬけるたまとみけるよ　　夫木・雑九、一三一三二
やまとなてしこ、からのなとをみて

一六四　みるに猶このよのものとおほえぬはからなてしこの花にそ有ける　　千載・夏、二〇六

一六五　かくはかりそほつるものはいつこにかからにもあらんやまとなてしこ
みやにてはやうみし人の、物語なとしてかへりて、扇をとし
たる、やるとて

一六六　浦さひてとりたにみえぬ島なれはこのかはほりそうれしかりける　　夫木・雑九、一三一四三
正月一日、人のもとに

一六七　とふ人そけふはゆかしきをいぬれはわかなつまんの心ならねと
賀茂の道に詣てあひて、かたらはんなといふ女のたれそと問に、
こと人のなのりをしたれは、この人もまたさやうにいひしを、
かたみにそれときゝて、のちにやりし

一六八　我にきみをとらしとせしいつはりをたゝすのかみも名のみ成けり
梅の花のあるをみて

一六九　霞たつ春きにけりとこの花をみるにそとりの声もまたるゝ　　万代・春上、一〇二
かたらふ人の、日来山寺籠て、還て、いかゝといひたるに

一七〇　なくさむる方もなかりつ詠めやる山も霞にへたてられつゝ　　秋風・雑上、一〇五八
月のあかき夜、梅の花を人にやるとて

一七一　いつれともわかれさりけり春の夜は月こそ花の匂ひ成けれ　　新勅撰・春下、七八
ひとりことに

一七二　命たに心なりせは人つらく人うらめしきよにへましやは
玉葉・恋四、一七一三
万代・雑六、三五八八

たゝの梅、紅梅なとおほかるをみて
一七三　梅の花かはこと〳〵○《に》にほへとも色は色にもにほひぬるかな

説経すとて、そなたのきしになん心はよせたる、といひたりしに
一七四　はるかなるきしをこそみれあまふねにのりにいてすはこきいてさらまし

十二月許、ものそめさせて、花やあると人にこひたりし、二月廿日あまりはかりにおこすとて、はなともしきはるかなといひたるに
一七五　さけとちる花はかひなし桜いろにころもそめきて春はすくさん

心のつらきに山へもいりぬへし、といひたる人に
一七六　かくはかりうきよをいとふ我にたにさそふ心はなきとこそみれ

五月雨ふるゆふくれに
一七七　足曳の山郭公われならは今なきぬへきこゝちこそすれ
万代・夏、七〇〇

同月の十余日に、月のいとあかきに
一七八　みな月はこのしたやみときゝしかとさつきもあかき物にそ有ける

心地のなやましうおほゆるころ、時鳥のなくをきゝて
一七九　郭公かたらひをきてしての山こえはこのよのしる人にせん
万代・雑五、三五五五

祭のかへさみるに、斎院の御車のうちに、しりたる人のもとに、葵にかきて
一八〇　昨日今日ゆきあふ人はおほかれとみまくほしきは君ひとり哉

まつりの日、あるきんたちの、まとのかたをくるまのわにつくりたるをみて

一八一　とをつらのむまならねとも君かのる車もまとにみゆる成けり
いかてあはんとおもひつゝ、としころからうして四月よひのほ
とにきて、ほとなく明ぬれは
一八二　とし月もありつる物を時鳥かたらひあへぬ夏の夜にしも
五月五日に、ある人に
一八三　かくれぬにをふるあやめのこらぬに人のふるねそかなしかりける
二月許みそを人うりやるとて
一八四　花にあへはみそつゆはかりをしからぬあかてはるにもかはりにしかは
又尼の許に、たらといふ物、わらひなとやるとて
一八五　みせたらはあはれともいへ君かためはなをみすてゝをふるわらひを
花のいとおもしろきをみて
一八六　あちきなくはるはいのちのをしきかな花そこのよのほたし成ける
ひとへ山吹をみて
一八七　さもこそはふかきたにゝはさかさらめ色さへあさきひとへ山ふき
夜いもねぬに、障子をいそきあけて、なかむるに
一八八　恋しさもあきのゆふへにをとらぬは霞たな引春のあけほの
よみはなのさきたるをみて
一八九　かえらぬはよはゐ成けりとしのうちにいかなる花かふたゝひは咲
にはやなきのいとしろうさきたるをみて
一九〇　にはやなきをりたかへるは長月のきくのはなともみゆるはる哉
はなのなかに柳のあるをみて
一九一　いかにして花のあたりをゆりすてん月のよりくる青柳の糸
春の夜くもりて、月のみえぬに
一九二　くもらすは月にみてましをる人も花は夜のまもうしろめたさに

夫木・雑九、一二九九二

風雅・雑上、一四八〇

夫木・春六、二〇三六

夫木・春三、八八八

	絵に、野辺に雉のたてる所	
一九三	かりのよとおもふなるへし花のまに朝たつきしのほろゝとそなく なくなりたりける人のもたりける物の中に、あさかほををりか らしてありけるをみて	
一九四	朝かほを折てみんとやおもひけん露よりさきにきへにけるみを ある人の返事に	
一九五	はやからは猶せきとめよ涙川なかれてのなに成もこそすれ かたらひし人の、春のころ田舎よりきたりときゝしに、いひやる	
一九六	あちきなく思ひこそやれつく〳〵とたひにやゐての山吹の花 二月晦かたに、物に詣つる道なる法住寺のさくらみんとていり たれは、花もまたさかさりけり、しりたりし僧のありし、とは するもなし	
一九七	さきぬらんさくらかりとてきつれ共この木のものとぬしたにもなし おなしみちなりし所にいりてみれは、そこのもまたしかりけれ は、柱にかきつく	正集、一五四
一九八	それまての命たえたる物ならはかならす花のをりに又こん あふさかの関にて、いとくるしけれは、やすむとて、つく〳〵 とゐて	正集、一五五
一九九	雲井まて心はゆけと逢坂のせきこゐぬへきこゝちこそすれ もろともなる人の、かへりなんといふに	
二〇〇	とまれともゆけともいはて心みんなにのためなる相坂の関 山しなといふ所にて、くるしけれはやすむ、そのいゑあるしの 心あるさまにみゆれは、いまかへさにきこえんなといひて	
二〇一	かへるさをまちこゝろみよかくなからよも尋てはやましなの里	後拾遺・雑五、一一四二

かくてまた〻てつきて、はなさかさりけりなと、もろともなる人のつれ〳〵かりけれは

二〇二 ときは山春はみとりになりぬるを花咲里や君は恋しき
哀におほゆれは、てすさひに軒檻にかきつく、ひころこもりていてなんとするに

二〇三 うきよには猶かへらてや〻みなまし山よりふかきたにも有けり
返とて、山科の家にいひやる

二〇四 君はは《ママ》やわすれぬらめとみかきねをよそにみすて〻いか〻すくへき
とき〳〵みゆる人のもとより、松にふみをさしてをこせたるに

二〇五 まつみてもまつそかなしき今はとてなみこす〳〵に成ぬと思へは
おなし人、さはることありて、ほとふるよしを、いひたれは

二〇六 なにはかたあしのをりはをゝしわけて漕はなれ行舟とこそみれ
あやしき事ありて、にはかにほかへ行たるとて、つねにせしまくらにかきつく

二〇七 かはりゐるちりはかりたにしのはなんあれたるとこの枕成とも 正集、二〇〇
装束ともつ〻みてをく革のをひにかきつく

二〇八 なきなかす涙にたえてたえぬれははなたのをひの心地こそすれ 後拾遺・恋三、七五七
よそ〳〵になりたるおとこのもとより、位記と云物こひたる、やるとて

二〇九 哀わか心にかなふ身なりせはふたつみつまてなはもみてまし
怨することあるおとこの、このたひなんわすれはてぬる、といひたるに

二一〇 わすれくさつみけるたひとすみよしのきしにこすまて浪のたてかしものよりきたりときく人のをとせぬに

二一一　きたりともいはぬそつらきある物とおもはゝこそは身をも恨みめ　正集、二〇一

　ある人のもとに

二一二　ともかくもいはゝなへてに成ぬへしねにこそなきてみせまほしけれ　正集、一六二／千載・恋五、九〇六

　　おとこの、人のもとにやるに、かはりて

二一三　おほめくな誰ともなくてよひ〳〵に夢にみえけん我そその人　後拾遺・恋一、六一一

　かたらひし人の、受領のめになりていきし、きたりときゝて

二一四　ありや共とはゝこたえん誰ゆへとうきよの中にかくてあるみそ　続集、二

　かたらふ人の、ものいたうおもふ比

二一五　いかにしていかにこのよにありへはかしはしも物をおもはさるへき　新古今・恋五、一四〇二

　おほえぬ事とものきこゆるころ

二一六　春の日のうら〳〵みれと我はかりぬれきぬきたるあまのなきかな

　三月晦、鶯のなくをきゝて

二一七　哀にもきこゆなるかなわか宿の梅ちりかたのうくひすの声　万代・春上、一三〇

　おなしころ、夕暮の風のふくに

二一八　花さそふ春のあらしは秋風の身にしむよりも哀成けり　続集、二四

　おとこの、女のもとにやるとて、かはりて

二一九　不尽のねのけふりたえなんたとふへきかたなき恋を人にしらせん

　人のおひやあるといひたるに、中のやれたるひき

二二〇　たえはかくつくものをわかなかは中〳〵おひのなかにそあらまし

　蝉のからの、物の中にあるをみて

二二一　けふりなん事そ悲しきうつ蝉のむなしきからもあれはこそあれ　続集、二五

　春雨のふる日

二二二　つれ〳〵とふれは涙の雨なるを春のものとや人のみるらん　千載・春上、三三

人のをとしたるに

二二三　いにしへを忘れぬ人にあはれわかかすまん空もみつへかりけり

かたらふ人の、よにてよならぬ所をなんみてわひたる、といひたるに

二二四　もとむれといはほのなかのかたけれは我もこのよになをこそはふれ　　万代・雑二、三一〇三

かたらふ人の、こゝちをもくわつらひて、これをかたみにみよとて、うたかきたる草子ををこせたるに

二二五　忍ふへき命もしらて今日よりは君かかたみをみるそ悲しき

秋夜

二二六　おきゐつゝしのひそかぬる秋の夜は君とたにせしあきのねさめは

恨むなと思人にあひたれは、たれかつらさのなといふやうに、けにおほゆる事もましれは、ものもことにいはて、のちにいひやる

二二七　ことはりにをちし涙はなかれてのうきなをすゝく水とならなむ　　正集、一七四

かへりことさらにせぬ女にやるとて、よませし

二二八　たけからぬ涙のかゝる我袖になかるゝ水といはせてしかな

しはしほかにありて、例の所にきたれは、忍ひて人に物などいひし所の、いたうちりはみたるをみて、いひやる

二二九　あふことのありし所をきてみれはさしもちりそゐにける　　正集、二〇八

或男、つねにはあらす、さらに隔たる事なくかたらはん、などいひ契りて後、いかゝおほえけん、ひとまにはかくれあそひしつへき心地なんする、といひたるに

二三〇　いつこにかたちもかくれんへたてたる心のくまのあらはこそあらめ　　後拾遺・雑二、九一九

いかなるふみにかありけむ、かくとて

二三一	つく〳〵とおつる涙のみつかきにならはよろつをひとはみてまし	正集、一八四
	よの中いとさわかしきころ、とはぬ人に	
二三二	世の中はいかに成ゆくものとてか心のとかにをとつれもせぬ	続集、四三六
	おとこのもとに、女の返事のふたつみつあるを見て、やる	
二三三	はし〳〵をとふみかくふみふみみれはたゝ身のうきにわたす成けり	
	しのひて人にものなといふ、やりと、ほかにいくとて、さすとて	
二三四	みはゆけとからをはこゝにとゝむれはやりとくちこそかためられけれ	続集、六〇九
	山寺籠たるを、とかくするひのみえけれは	
二三五	たちのほる煙につけておもふかないつまた我を人のかくせん	正集、一六一 後拾遺・哀傷、五三九
	九月はかり、物へゆく人、きぬそむとてはなこひたる、やるとて	
二三六	あきゆかんたひの衣をいとゝしくつゆくさにしもなとかそむへき	
	或所に中将とて候人にかたらふ男、いまはいかすと云て後に、 雨ふる夜いきたりときゝて	
二三七	みかさ山さしはなれぬと聞しかとあめもよにとはおもはさりしを	後拾遺・雑二、九二七
	冬比、人のこむといひて、みえすなりにしつとめて	
二三八	をきなからあかしつるかなともねせぬかものうはけのしもならなくに	後拾遺・恋二、六八一
	待人ある所、門のまへより、夜ふけて人のいくを聞て	
二三九	我宿をかへやしてまし人のまつ人はまことにすきて行也	続集、二一一 続集、四三七
	海つらに夜とまりて、船なからあかして	
二四〇	みつのうへにうきねをしてそ思ひやるかゝれはをしもなくにそ有ける	千載・羇旅、五〇三
	摂津国いくたのもりと云所にて	

二四一　なにはめにいくたのもりの有けれはむへなからふと人もいひけり
夫木・雑四、九九九二

いか丶さきにて
二四二　我はた丶風にのみこそまかせたれいか丶さきには人のゆくらん
続後拾遺・者名、五二七
秋風・雑体、一三六一

遠所に人待し比、近く草の許に轡虫の啼をききて
二四三　わかせこはこまにまかせてきにけりときくにきかする○《轡歟》むしかな
万代・秋下、一一三四

二月許、人のたのめてこすなりぬるつとめて
二四四　よのほともうし○《ろ》めたきは花のうへを思ひかほにてあかしつるかな
正集、一八〇
続集、四三八

いたう物思に、風のふくころ
二四五　みにしみてあはれなるかないかなりし秋吹風をことにきくらん
正集、一七六
続後撰・恋四、九一八
万代・秋上、九四〇

思とか云人の、ともすれはうち怨しつ丶はて丶ゆくか、ほかに
てしぬはかりなんおほつかなき、とあるに
二四六　いまはとていくをり〳〵しおほかれはいとしぬはかりおもふとはみす
正集、二〇三

露より世のはかなき事をあるに
二四七　草のうへの露とたとへぬときたにもこはたのまれしまほろしのよか
正集、一七七
万代・雑五、三五七三

あちきなき事のみてくれは、人の返事たえてせぬに、いかなれ
はか丶るをといひたるに
二四八　つきくさのかりにたつなのおしけれはた丶そのこまを今はのかふそ
正集、二〇六

たえなんとおもふ人の、たちのあるをやるとて
二四九　かへせともこはかへされすおもへ共たちにしなこそかひなかりけれ

	久みえぬ人のもとより、ひんなかるましくはこむといひて、月のいりたるにきたる人に	
二五〇	いつこにかこゝらひさしくなかゐつる山より月の出ているまて	
	かたらふ人の、ひさしうおとつれぬに	
二五一	きゝはつるいのちともかなよの中にあらはとはまし人はなきかと	正集、一七八
	七月七日、まつ人のもとに	
二五二	そのほとゝちきらぬなかは昨日まてけふをゆゝしと思ひける哉	正集、二六五
	時々くるひますこしまとほになるころ、なまみるをその人の親属たつ人の許にやるとて	
二五三	かりにこしあまもかれにし浦さひてたゝみるまゝにをのかしはさそ	正集、二六六 続集、一〇
	忍ひたる人きて、雨のいみしうふるにかへりて、ぬれたるよしなといひたるに	
二五四	かくはかり忍ふる雨を人とはゝなにゝぬれたる袖といふらん	後拾遺・雑二、九二五
	忘ぬるかなといひたる人に	
二五五	わすれすやわすれすなから君をまたさてもやゝまん心みはさそ	
	七月許、人の許に	
二五六	たれそこのとふへき人はおもほえてみゝとまりゆく荻のうは風	
	いといひたうあれたる所をなかめて	
二五七	みわの山すきにをとらすしけゝれとよもきのやとは問人もなし	
二五八	きゆるまのかきりところやこれならん露とをきゐる浅ちふの宿	
二五九	かたらはんひとこゑもせすあれにけるたかふるさとにきてなかむらん	
	わすれにける人のふみのあるをみて	
二六〇	かはらねはふみこそみるにあはれなれ人の心はあとはかもなし	玉葉・恋五、一八一九

たのめたるほとをえまつまし、といひたるおとこに

二六一　逢事のありやなしやもみもはてゝたえなん玉のをゝいかにせん

いかゝはなとうたかはしくおもふ人の、をとせぬに

二六二　なき身ともなにおもひけんおもひしにたかはぬ事は有ける物を

雨のいといたうふりける夜、ものへいきけるみちにやとをもふ
人のきたるに、なしとてあはて、つとめて

二六三　雨もよにいつちなるらんふりはへてきたりときかは哀ならまし

くれにかならすといひたるおとこ、あさかほにつけて

二六四　いまのまのつゆにかはかりあらそへはくれにはみえし朝かほのはな

ひさしくはあらすやあらんとおもふ人のもとに、物をいひそめ
てたえてあはぬに、つねにくれは

二六五　つらからんのちの心をおもはすはあるにまかせて有へき物を

あはんとおもふ人、いまこの廿日ほとにとたのむれは、いかて
かさまてはといそけは

二六六　君はまたしらさりけりな秋の夜のこのまの月ははつかにそ見る

九月廿日あまりに、あり明の月はみるやといひたる人に

二六七　ねられねと八重むくらして槇の戸はをしあけかたの月をたにみす

なほあるまくらとにかきつく

二六八　かゝりきと人にかたるなしきたえのまくらのおもふ事たにそうき

万代・恋五、二七二四
続集、二〇
続後撰・恋二、七一二
続集、一二
玉葉・恋三、一五二〇
万代・恋二、二〇六八
続集、一三
後拾遺・雑二、九五〇
正集、二五五

二六九	わかあやまちにてたえたるおとこに、心地あしうおほゆる比 あるほとにむかしかたりもしてしかなうきをはあらぬ人にしらすて かたらふ人、なくならむ事は忘れしといふを、ここちなやむこ ろ、ひさしうとはぬに	正集、二〇二
二七〇	しのはれんものとはみえぬ我身かなある人をたに誰かとひける	正集、二一六 続後撰・恋五、九四九 万代・恋五、二六〇八
二七一	よのつねならぬちきりしてかたらふ人の、をとつれぬに わすらるゝうき身ひとつにあらすともなへての人にいはぬこと〳〵 おもひかけすはかりて、ものいひたる人に	
二七二	これもみなさそなむかしの契そとおもふ物からあさましき哉	千載・恋四、八四一 続詞花・恋中、五五六
二七三	枕たにしらねはいはしみしまゝに君○《に》かたるな春の夜の夢	新古今・恋三、一一六〇
二七四	人とはゝいかゝこたへんおほかたは君も忘ね我もなけかし とき〳〵くる人、畳あつう敷てをきたれといひたるに	
二七五	たまさかにとふのすかこもかりにのみくれはよとのにしく物もなし 過にしかたは、たゝおほかたにてみし人の、つらきに	
二七六	よこそ猶さためかたけれよそなりしときはうらみん物とやはみし	玉葉・恋五、一八一四 万代・恋五、二五九五
二七七	まこも草まことに我はおもへ共なをあさましき淀の沢水 おもへともおもはす、うらむる人に ひさしうをとせて、人のありしをたにしらしとすること、ゝい ひたるに	正集、七八三
二七八	うきせぬはなきなるへしと思ひしにありてはとはぬ今こそはしれ	

雨のいたうふる夕くれに、人のこんといひたるに

二七九　そのことにをひときてねし雨もよにふりてはいもか袖もぬれなん
　忍ひたる人のとのゐするに、紫のひたゝれをやるとて
　正集、二四八

二八〇　色にいてゝ人にかたるなむらさきのねすりの衣きてねたりきと
　いとさかなき妻もたりときく男の、こゝになむ物忌してゐたるといひたるに

二八一　おそろしき人のおまへとつゝしみてゐたらんさまのおもほゆる哉
　ものよりきて、かくなんといはぬ人に

二八二　誰にこのはなをみせましわれをれは山子規そたにきなかす
　ものにまうてぬときゝて、たつねんかたもなき事といひたるを、返きてみていひやる
　正集、四二二

二八三　いきてまたかへりきにたり郭公　しての山ちの事もかたらん
　はかなき事につけて、男のうらみてたえなんといふに
　正集、四二三

二八四　うけれともわか身つからの涙こそあはれたえせぬ物には有けれ
　田舎なる人のもとより、わかやうにおもはしなといひたるに
　玉葉・恋五、一七七四
　万代・恋五、二六四五

二八五　たれはかりたれかなけかんみやこにもそこにも人はおほからめ共
　そらことにつけて恨むる人に
　続集・一五

二八六　かくそとてみせにやれともわか袖はたゝぬれきぬに成こそはせめ
　雨のふりて返に、なまねたかりけれは

二八七　まつ人のなきみ成せはきかすともあめふるめりといはまし物を
　おとこ、つとめて、とまらぬものとはしりにけん
　続集・一六

二八八　とゝまれとおもふといかてしりにけんをしそなく〳〵落し涙を
　いとあつきころ、あふきともはらせて、外なるはらからとものもとに
　続集・一七

かりやるとて

二八九　はかなくもわすられにけるあふきかなをちたりけりと人もこそみれ　正集、一七九　後拾遺・雑六、一二一〇

七月一日

二九〇　夜かさねふきこん風をおもふかなきゝのこのはのをちそむるより

七月七日、こむといひたる人に

二九一　たなはたにかしてこよひのいとまあらはたちよりこかしあまのかはなみ　玉葉・恋四、一六三一

いとひかすとて

二九二　むこほしのふなてしぬらんけふよりは風吹たつなくものいとすち

物うらやみして、きぬへしといひたる人に

二九三　あまの河またわたりくなかさゝきのはしたなくしてかへりもそする

あやし事をのみおもひて

二九四　ぬきすてんかたもなき物はから衣たちとまりぬるなにこそ有けれ　続集・一九　玉葉・恋一、一三五一

雨のいみしうふる日

二九五　山といへはうき身そむきにこしかともおなしき雨のしたにそ有ける

或人のありやとゝひたれは

二九六　とふやたれ我はそれかはいかはかりうかりしよにや今まてはふる　万代・恋五、二五九六

正月朔に、雪のふるに

二九七　あらたまる色もかはらてふる雪は本ノマヽ

物なといひたるおとこの、たえてのち、あやしき事をなむ云ときゝて云やる

二九八　そはさてもやみにし物を中〳〵に忘れぬ事のうきをみる哉

みそきのまたの日、女のもとへやるとて、おとこのよませし

二九九　今日をわかあふひともかなみる人のかさすそのひはうれしけもなし

万代・恋二、二〇五三

六月朔、雨のいたうふるに

三〇〇　五月雨はさてもくれにきつれ〳〵のなかめまさる昨日今日哉

人のふみのはしに、おもはんなといひたるをみて

三〇一　人しれすたのみわたるとしるらめやかけりしふみのはしを見しより

或男の、ひとすちならすかたらはんなと云て、おとせぬに

三〇二　うかりけむひとことこそはわすられめいつらさま〳〵いひし契は

むかしかたらひし人の許に

三〇三　それならぬ事も有へしいにしへをおもふにまつきみそかなしき

いと久あはぬ人のもとより、便なかるましからんをりつけよ、
といひたるに

三〇四　たしかにもおほえさりけりあふ事はいかなるときのことにかあるらん

秋比、はやうゆふくれにかたらひし人のきて、物語なとせしに、
日来へて云やる

三〇五　いつとてもなかめしことそ増りける昔かたりをせし夕より

或女、おとこ田舎にいきてなくなりたるをきゝて、みにかへま
し物をなとなけくをきゝて

三〇六　逢事もなにのかひなき露のみをかへはやかえんつゆの命を

正月、人の卯杖ををこせたるに

三〇七　いのりける心もしらてつく〳〵とみのうつゐとも思ひける哉

玉葉・春上、七六

すむ所の梅花盛なる比、ほかへわたるとて

三〇八　みるほとにちらはちりなむ梅の花しつ心なく思ひをこせし

万代・春上、一一九

三〇九	我なから身のゆくかたをしらぬかなた、よふくものいつちなるらん 旅なる所にて、月をみて 心にもあらぬ事にて、ほかへいくとて	万代・雑四、三三二二
三一〇	春の夜の月はところもわかね共なをすみなれし宿そ恋しき	万代・雑四、三四五六 新続古今・羈旅、九二〇 続集、二六
三一一	かくはかり風はふけともいたのまもあはぬは月の影さへそもる 荒たる所に月のもりたるに	
三一二	すゑなくてきえぬることよとはかりも雪のあしたに誰詠めまし 夜ひとよ、やみあかしたるつとめて	
三一三	うきよをはいとひなからもいかてかはこのよのことを思ひすつへき よの中にへしなと思ころ、おさなきことものあるをみて	万代・雑六、三七一九
三一四	はまかせにふねなかしたるあまならてよもとはかりのことのうたかひ 或男外にとまりて、物疑はしくな思そといひたるに	
三一五	人やさもいまやとおもふはまちとり我はまれにもとふをこそまて かたらふ人のもとより、いまはむけにおもひはなちつるか、さらにおともせぬ、といひをこせたるに	
三一六	花すゝきほのめかすより白露をむすはんとのみおもほゆる哉 七月晦日、女のもとに始てやるとてよませし	
三一七	しほのまにみえぬもの〳〵ありけりとあまのあまたにみせしとそ思 ひるまにまいらんといひたるおとこに	
三一八	聞人もしつけからぬをあら磯のたちよる浪のさはき成けり 制する人もたる人のもとに、おとこのきてみつけられて、の、しるを聞て	

こむといふ人の、そひはこて、又の日きたるに

三一九　たのめしに昨日までこそをしみしかあふはわか身はありとやは思

とてやりつ、ふつかはかりまつに、をとつれぬに

三二〇　さもこそはしぬともいはめいつしかとよろこひなからとはぬ君かな　続後撰・恋三、七九五

そのほと、たにいはむをきかん、といふおとこに

三二一　ふへきよのかきりをしらてそのほとのいつとちきかむことのはかなさ

とこなつ　ほとゝきす　あやめくさ　これを人のよませし

三二二　はらはねと露のをきふすとこなつはちりもつもらぬ物にさりける

三二三　わかやと、またれし物を郭公きかぬ人なくきゝはてつらん

三二四　すさめねと心のかきりおひたるは人しらぬまのあやめ成けり　万代・夏、六三九

十二月、人のもとより、よみにをこせたりし

雪

三二五　ふれはみやこのうちもよもなからみなしほ山の心地こそすれ　夫木・雑二、八九二二

氷

三二六　をとたかくたきりてをつる滝つせのみつは氷もあへすそ有ける

冬山

三二七　ちりはてゝ人はたになきふゆ山は中〳〵風の音も聞えす　夫木・冬一、六四三二

神祭

三二八　神山とさかきをさしていのるかなときはのかきりいろもかへしと

千鳥

三二九　今朝きけはさほのかはらの千鳥こそつまとはせる声に鳴なれ

雹

三三〇　竹のはにあられ降なりさら〳〵に独はぬへき心地こそせね　詞花・恋下、二五四　後葉・雑三、五五八

水鳥

三三一　けをさむみあしのみきはもさえぬれは流るとみえぬ池の水鳥

十月、あか月かたにめをさましてきけは、時雨のいたうすれは

三三二　ふゆの日をみしかき物といひなからあくるまたにも時雨なる哉

或所の御前に、ひともときくのおもしろきをうへさせ給る、と
人のいふをきゝて

三三三　はなのうへをきくに心のうつるかなむへもくらなる名のみたつらん

八月はかり、人のもとに

三三四　をとすれはとふか〳〵とをきのはにみゝのみとまる秋の夕暮

かたらふ人のもとより、なてしこをおこせてかゝる□□たるは
なはあらしといひたるに

三三五　まことかとくらへてみれと我宿のはなの露にはなをうてぬめり

おとこのもとより、たまさかにもあはれといふになむいのちは
かけたる、といひたるに

三三六　とことはにあはれ〳〵はつくすとも心にかなふものかいのちは

なつ、うちよりしのひて物に詣て、やすむとてきのもとにゐて

三三七　あかさりし中〳〵花のをりよりもたちうき物は夏の木の下

人のよませし、なみたのはま

三三八　我袖は涙のはまにあさりせしあまのたもとにをとりやはする

はこかたのいけ

三三九　白浪のよるはをとのみ聞ゆるをあけはまつみんはこかたのいけ

をかはのはし

三四〇　おりたちてをかはのはしはわたれともなにはたぬれぬ物にそ有ける

万代・恋三、二三一三
夫木・雑七、一一七九〇

やたのひろの

三四一　旅人のこまひきなめてうちたてはやたのひろのもせはくそ有ける
くちきのそま

三四二　ひたゝくみいもとねやをしつくらねはくちきのそまはあるかひもなし
四月はかり、人のもとより、郭公まつとて山里になんあるとい
ひたるに、物おもふ比

三四三　時鳥ものおもふ比はをのつからまたねときゝつよはのひとこゑ
おとこの、みたけさうしとて、ほかにみあれの日、あふひにさ
して

三四四　かさせともかひなき物はをのかひくしめの外なるあふひ成けり
五月五日、雨のいみしうふる日、ひとりことに

三四五　今日はなをあやめのくさのねところもみつのみ増る心地こそすれ
六日、このさうしするおとこのもとより、昨日のあやめもしら
てすくして、なといひたれは

三四六　うたゝねにやかてよとのもみぬ人はましてなにてふあやめやはしる
詣つるほとになりて、道のほときるへき狩衣なむ様なる物ぬは
する、やるとて

三四七　うちかはし夜きるましきあさきぬはぬふも物うきものにそ有ける
とてやりたれは、狩衣をきよくうたなともよし、といふことを
いひたれは

三四八　かり衣我によそふる物ならはたもとよくしもあらしとそ思
はなたのをひの所〳〵かへりたるをきかへて、おとこのをこせ
たれは

三四九　なれぬれははなたのをひのかへるをもかへすかとのみおもほゆる哉

	和泉と云所へいきたるおとこの許より、さのゝうらといふところなむ、こゝにありけりときゝたりや、といひたるに	
三五〇	いつみてかつけすはしらんあつまちと聞こそわたれさのゝ舟橋	
	田舎なる人のもとより、三月十余日のほとにいひやる	
三五一	まつこんといそく事こそかたからめ都のはなのをりをすくすな	
	みな月の晦かたに、六波羅の説経聞にまかりたる人の、扇をとりかへてやるとて	
三五二	白露にをきまとはすなあきくとものりに扇の風はことなり	夫木・夏三、三四一四
	雨のいたうふる日、或男、今始てかたらふ女の事ほめゐたるをきゝて	
三五三	みるまゝにおもひやのきのたま水をもらさぬ中と誰かしるらん	正集、七三八
	ほかなるはらからのもとに、いとにくさけなるうりの、人のかをのかたになりたるにかきつけて	
三五四	もし我を恋しくならはこれをみよつける心のくせもたかはす	
	十二月はかり、雪のいみしうふりたる日、野老のあるををやのかりやるとて	
三五五	君かためもとめたるかな雪降はそこところともみえぬ山ちに	
	あつきのをものといふ物を、ひとりのをけにいれて、おなしころ	
三五六	かくはかりさゆるにあつきけのすれは独のをものなれは成けり	夫木・雑十八、一七一六三
	七月七日に、いととうをきて	
三五七	織女に心ををけは朝ほらけたゝわかことやつゆもをくらん	
	おなしころ、いとをいたうたかうひきて、あをきかみをすきのはにむすひつく	
三五八	七夕によきもあしきもをれこてそ空にかけたる雲のいとすち	

田舎へいくに、或所より御こうちきなとたまはすとて、みちの
つゆはらふなとあるに

三五九　めにちかくせきはたもとも思ひやる浅ちかはらの露もおとらす

人のあふきに神のもりかきて、いのりつるしるくさ、なといひ
たるに

三六〇　いのりける心のほとをみてくらのさしては今そおもひみたるゝ

十二月許、女のもとにいきて、つとめて、おとこのよませし

三六一　うちはひて涙にしみしかたしきの袖の氷そ今朝は解たる　　正集・四四五

これも人にかはりて

三六二　昨日まてなきなけきけん今朝のまに恋こそはいと苦しかりけれ

あるやむことなき人の、ゆゑありときこしめすむすめのもとに、
梅花つかはすをみて

三六三　花のかに心はしめりをりてみな其ひとえたにみこそあらねと

桜のをそくさくことを、人のよむに

三六四　またせつゝをそく桜の花により四方の山へに心をそやる　　正集、一七五

冷泉院のおはします南ゐのおまへのはなを、物のはさまよりみて

三六五　色ふかく花の匂ひもものこしにみつれはいとゝあかすも有かな

院の御方の人〴〵の、居たる簾よりあらはにみゆれは

三六六　あらはにもみゆるものかなたまたれのみすかしかほは誰もかくるな　　正集、二一七

三六七　枝ことにはなちりまかへいまはとてみちのすきゆく道みえぬまて

四月朔比、月のいとゝくいりぬることゝ、人のよみしに

三六八　ほのみえていりぬるつきよあまのとの明はつるまて詠つるかな

三六九　まつにおもふいるとて歎く夏の夜の月そ心はそらになしける

五月許、雨もふりやみて、月のさしてたるに、あましたりのな

	るをき丶て	
	三七〇 空みれは雨もふらぬに音そするた丶月のもるしつく成けり	
	九月九日に、菊をてまさくりにして	
	三七一 をる菊も君かためにといのりつ丶我もすくへき物とたのまん	
	ほかなるこの、なてしこのたねすこしたまへといひたる、やると て	
	三七二 なてしこの恋しきときはみるものをいかにせよとかたねをこふらん	
【乙類】	稲荷祭みる女車のありけるを、その人なめりと或君達のいひけ るをき丶て、祭みる車の前より、おとこのすくるほとに、ゆふ につけてさしつれ	
50いなりにも	三七三 いなりにもいはるとき丶しなき事を今日そた丶すのかみにまかする	正集、一〇七
	返しに、いみしうあらかひたれは	
	三七四 かみかけてきみはあらかふ誰かさはよるへにたまるみつにいひけん	正集、一〇九 夫木・雑八、一二五五六
	秋夜、いりぬへき月をなかめて	
	三七五 みるほとに心にとまる月なれとかけはるかになりもゆく哉	
	三七六 おもはてもねぬへきものを中〱に宵より月をみさらましかは	
	七月七日、織女にかはりてまつころ、草の露を始てみる	
	三七七 そのよひをまつもすへなしかさ丶きのはしもわたらぬ通路もかな	
	三七八 風の音に秋きにけりとをとろきてみれはくさはの露も置けり	
	月のいとあかき夜、初て女にやるとて、男のよませし	
	三七九 人しれぬ心のうちも見えぬらんかはかりてらす月のひかりに	
	近き所にかたらふ人ありとき丶て、いひやる	

初句	本文	出典
	三八〇 あまのかはおなしわたりに有なから今日も雲井のよそにきくかな	続千載・恋三、一三八五
	又同事かたらふ女ともか許に	
51たなばたに	三八一 織女にをとるはかりのなかなれはこひわたらしなかさゝきのはし	
	八日、男の、女許にやるとてよませし	
52いむとてぞ	三八二 いむとそきのふはかけすなりにしを今日ひこほしの心地こそすれ	
	おとこの、女のかきいきて、えあはてかへりきて、つとめてやるとてよませし	
	三八三 こゝなからこひはしぬともそこまてはいかすそかねて有へかりける	
	にはかにいたくわつらふほとに、きあひてみたる男のもとより、いとをしかりしことなといひたるに	
	三八四 ことならはあはれとみましめのまへに涙の露ときえまし物を	
	おとこの、女のもとにやるふみをみれは、あはれ〳〵とかきたり	
	三八五 あはれ〳〵哀〳〵とあはれ〳〵あはれいかなる人をいふらん	
	おなしおとこ、六月に、わかそてひめやと云歌の心はへを、女のかり云やりたるをみて	
	三八六 わかたまはかけてもいはて夏衣なけのあせにもぬれすやあるらん	続集、二七
	いとうとき法師の、きたなけなる帯をおとしたるをみて	
	三八七 のりのしのときをきてけるをひなれとつみふかけにもみゆる物哉	
	今はたえてあはしなといひてのちも、またいきあひて	
53しのぶれど	三八八 しのふれと忍ひあまりぬいまはたゝかゝりけりてふなをそたつへき	
	おなしやうなる人に	
54ひととはば	三八九 人とはゝなにゝよりとかこたへましあやしきまてもぬるゝ袖哉	
	はらから田舎へくたるに、あふきなとやうのものやるとて	
	三九〇 をしけれとえやはとゝむる別れちにをくれてといふしるし計そ	

	とき〳〵ふみなとをこすおとこの、ひさしうをとせぬに	
	三九一　うきよりも忘れかたきはつらからてたゝにたえにしなかにそ有ける	玉葉・恋五、一七四一
	このたひはかりとおもふ人にあひて、むねをしぬはかりやみて、をりしもあはれなりしことなとかきてやる	
	三九二　逢事はさらにもいはすいのちさへたゝこのたひやかきりなるらん	続後撰・恋三、八四二 万代・恋三、二一九五
	陸奥と云所よりきたるおとこの、まつ人のもとへはいかて、ほかよりかへるを聞て、たひのきぬなとして、やるとて、女のよませし	
55　たびごろも	三九三　旅衣きてもかはかりつらけれとたちかへりことおもふへきかな	
56　ここながら	ナシ	
	よの中はかなき事なといひて、槿花のあるをみて	
	三九四　はかなきは我身也けりあさかほのあしたの露もをきてみてまし	
	九月晦かたに、物思ころ	
	三九五　白露とをきゐつゝのみあるへきをいつちみすてゝ秋のゆくらむ	
	月のあかき夜人のもとに	
	三九六　待わひてつけにやるとも君はこて宿にすむらん月をこそみめ	
	秋のころめのさめたるに、雁のなくをきゝて	
	三九七　まとろまて哀いくよに成ぬらんたゝかりかねをきくわさにして	正集、八八七
	人のもとより、対面のほとへぬるをおもふに、いとあやしくなんなりにたる、と云たるに	
	三九八　ほのかにもみてこそやまめまことにやこひする人のさまやしたると	
	おとこのもとより、みつからいかんといひたるに	
	三九九　かけてみはわれはつかしく成ぬへしをとにそきかむ山川の水	

	物忌にてある所に、月のあかき夜、人のきたるに、えあはて云いたす	
	四〇〇　中〳〵に雲井の月のみさりせはかとさせりともさはらさらまし かたらふ人の、山里になむいくと云たるに	
57そこもとと	四〇一　そこもとゝすきのたちとをしへなむ尋もゆかんみわの山もと くれにこんといひたる男に	
58おぼろけの	四〇二　おほろけの人はこえこぬくみかきをいくへしたらんものならなくに 雨のいたくふるに、忍ひたる人のもとより、ようさりはかならすといひたるに	
59ぬれずやは	四〇三　ぬれすやは忍ふる雨といひなからなをくれはわすれやはする 人のもとより、道にと、むへきかたのなけれは、たゝに聞事、と云たるに	
60いとどしく	四〇四　いとゝしくとゝめかたきはひたみちおしまれぬみの涙成けり 五月はかり、ねぬなくさむといひたる人に	万代・恋三、二二五二
61まどろまで	四〇五　まとろまてあかすとおもへはみしか夜もいかにくるしき物とかはしる よひのまあひて物なといひたる人のもとより、つとめていひたれは	
62ひとはいさ	四〇六　人はいさわかたましゐははかもなきよひの夢ちにあくかれにけり よにあらんかきりはさらにわすれし、なといひたる人に	
63ほどふべき	四〇七　ほとふへき命なりせはまことにや忘れはてぬとみるへき物を おとこの、よへのほとにいとよくなむみてし、といひたるに	玉葉・恋三、一五二二
64けさのほど	四〇八　けさのまにきてみる人もありなまし忍はれぬへき命成せは 瞿麦につけて、心かはりたりとみゆるおとこに	
65いろみえて	四〇九　色みえてかひなき物は花なから心のうちのまつにそ有ける	

断簡	流布本	他出
66をぎかぜの	八月はかり、よひとよ風ふきたるつとめて、いかゝといひたる人に 四一〇　をき風に露吹むすふ秋の夜は独ねさめのとこそさひしき 日に一度はかならすふみをこせんといひたるひとの、とはぬひしも心地の終日くるしき、またの日とひたるに 四一一　かくやはとおもふ〳〵そきえなまし今日までたえぬ命成せは おとこの、ほかにとまりて、夢にたにみえてとあかしつることゝ云たるに 四一二　みえぬまてまとろむことのかたけれは我もはかなき夢をたにみす	夫木・秋二、四四六八 正集、二六三 万代・恋三、二三五七
67のちまでは	四一三　後まてはおもひもあえす成にけりたゝときのまをなくさめしまに いたうあはれたる所にて、女郎につゆのをきたるをみて 四一四　女郎花露けきまゝにいとゝしくあれたるやとは風をこそまて 女院の御まへに、秋の花植させ給へりと聞日、或人の参給へりと聞に、きこえさする	
68いろいろの	四一五　色〳〵の花に心やうつるらんみやまかくれのまつもしらすて 人のもとにきたりけるおとこ、かへるにやありけん、よるきたるにあはねは、つとめて、わさとまいりたりしに、うく、などいひたるに	
69よひのまを	四一六　宵の間をきのはかせのうらみねと吹かへさるゝたよりとそみし よそ〳〵になりたるおとこの、遠所よりきたる、いかゝきくと人のいひたるに	
70きたりとも	ナシ	

71さよなかに	四一七　さ夜中にいそきもゆくか秋の夜を有明の月はなのみ成けり	正集、一八一
72ひとはゆき	九月はかり、とりのこゑにおとろかされて、人のいてぬるに 四一八　人はゆききりはまかきにたちとまりさもなかそらに詠めつるかな	風雅・恋二、一一三三
	十月、しくれするに、つれ〳〵におほゆれは 四一九　花みつゝくらしゝときは春の日もいとかくなかきこゝちやはせし	正集、二三三二 続集、四三九
73あらばこそあらめ	物なけかしけなるをみて、前にいかなる人の心をか見ならひて、といふ人に 四二〇　さき〳〵になにかならはんいまのこと物思ふことのあらはこそあらめ	
74かめやまに	わつらふときく人の許に、あふひにかきて 四二一　かめ山にありときくにはあらねともをいすしなすのもゝくすり也	
75かくばかり	あまになりなむといふを、しはし猶念せよといふ人に 四二二　かくはかり憂を忍ひてなからへはこれに増りてものもこそ思へ	新古今・雑下、一八一一
76おきてゆく	よのなかはかなき事なと、よひとよいひあかして、かへりぬるつとめて 四二三　をきてゆく人は露にはあらねともけさは名残の袖○《も》かはかす	玉葉・恋二、一四四九 万代・恋三、二二一九
77たねからに	おさなきちこのあるをみて、わかこにせんと云人に、いとにくけなるうりのあるにかきて 四二四　たねからにかくなりにけるうりなれはそのあきゝりにたちもましらし	
78いつしかと	暁に鳥の鳴を聞ていつる人に 四二五　いつしかとききける人に一声もきかすする鳥のねこそつらけれ よへは雨のいたうふりしかはいかすなりにし、と云たる人に	新千載・恋三、一四一〇

79ひとならば

80なこそとは

四二六　人ならはいふへき物をまつほとに雨ふるとてはさはるものかは

人のもとより、えいかぬ事なといひたるに

四二七　なこそとは誰かはいひしいはねとも心にすふるせきとこそみれ

物詣とて精進したる男、たちなからきて、扇と念珠とをおとしたる、とりにをこせたる、やるとて

四二八　いかてかはひろふたましもをちつらんあふきてふなはいたつらにして

三月許のよのあはれなるをみて

四二九　物おもふに哀なるかと我ならぬ人にそよひの月をみせはや

月のあかき夜、人のきて消息いひいれたる

四三〇　よそにみる雲井の月にさそはれてまつといはぬにきたる成けり

はやうかたらひし女ともたちの、近所にきてあるをみて

四三一　おほかたはうらみられなむいにしへを忘ぬ人はかくこそはとへ

Ⅰ歌群

四三二　そのかたとさしても□□うきふねのまたにきはなれ思ふともなし

仮借する男の、無便をりにのみきて、さりぬへからんをり云をとろかせと云に

四三三　難波かたをれふすあしのねのまたねぬ人をおとろかすやは

人のきて、物なと云とくちにたちよりたるに、をともせねは、かへりてつとめて

四三四　こゑをたにかよはむことはおほしまやいかになるとの浦とかはみし

玉葉・恋三、一五五〇

万代・恋二、一九八一

千載・雑上、九八六

風雅・恋四、一二八七

続集、三〇

万代・雑二、二九八二

正集、四二四

正集、四二五

正集、四二六

物へいにし人のもとより、今しはしいのちなむをしきいまはと
ゝくいくへし、いひたる返事に

四三五　たのむらん人のいのちは有もせよまつにたえたる身こそなからめ

よの中いとさはかしきころ、をとせぬ人に

四三六　世の中はいかに成ゆくものとてか心のとかにをとつれもせぬ

冬比、人のこむと云て、みえてあかしつるつとめて

四三七　我宿をかへやしてまし人をまつ人はよことにすきてゆくなり

二月はかり、人のたのめてこすなりにしつとめて

四三八　夜のほともうしろめたきは花のうへを思ひかほにてあかしつる哉

十月、しくれしたる、つれ〳〵におほゆれは

四三九　花みつゝくらしゝときは春風もいとなかきこゝちやはせし

かたらふ人の、ひさしうをとせぬに

四四〇　いかにせんいかゝはすへき世の中をそむけはかなしすめはすみうし

山吹の花いみしう咲たるをみて

四四一　ひとへつゝしはしみるへくさかはちりちらはさかなむ款冬のはな
四月はかり、つきはみるへし、さをはゆかん、といひたる人に

夫木・雑七、一一五一〇
正集、四二七
続後撰・恋三、八五〇
正集、一八四
続集、二三二
続集、二一
続集、二三九
正集、一八〇
続集、二四四
正集、二三二
続集、四一九
正集、四二九
玉葉・雑五、二五四六
万代・雑六、三七一三

	四四二　きたりともかひやなからん我みれは涙にくもるなつの夜の月 春、月のあかき夜、いとゝしくいりふして	
81ぬるほども	四四三　ぬるほとのしはしもなけきやまるれはあたらこよひの月をたにみす ものにまうてたるに、いとたうとく経よむ法師のあるに	
82ものをのみ	四四四　ものをのみおもひのいゑをいてゝこそのとかにのりのこゑも聞けれ かたゝかへにいきて、夜ふかきにかへるとて	続後拾遺・釈教、一二七五 万代・釈教、一七二三
83あはれとも	四四五　あはれともいはまし物を人のせしあかつきをきはくるしかりけり 雨のいたうふるひ、人のきて、いみしうぬれたるはなんかへりぬる、といひいれたれは	
84つれづれと	四四六　つれ〳〵と詠くらせる衣てを　きてもしほらてぬるといふらん 女ともたちの、ふたりみたりとものかたりするをみやりて	
85かたらへば	四四七　かたらへはなくさみぬらん人しれすわか思ふ事を誰にいはまし たひなりしところにありしころ、ひとゝころなりしはらからのもとより、ひとりきけは鶯のこゑもいとあはれになむ、といひたるに	
86かすみたつ	四四八　霞たつたひの空なる鶯のきこえもせよと思ひしもせし とをきところへまうつとて、ある人のもとに	
	四四九　みをの海のうらにみへそゆくたつねすはみわのやまへのさもたゝしとて 二月はかり、いしやまにまうつとて、ある人のもとに	夫木・雑十八、一七一一〇
87こころして	四五〇　心して我はなかめんをり〳〵はおもひをこせよ山のさくらを ひころありてかへらんとおもふに、ものうくおほゆれは	
88みやこには	四五一　都へはいくへかすみかへたつらん思ひたつへきかたもしられす	玉葉・雑一、一八四九

日ころ、はなおもしろき所にあるを、今日ほかへいかんとする
に、いみしうちれは

四五二　吹風の心ならねと花みては枝にとまらぬものにさりける

また、人のつねにゐしところにかきつく

四五三　待侘てゆくゑもしらす成にきと君きてとはゝとくてこたへよ

隣なる人の家に鶯のなくをきゝて、いひやる

四五四　鶯のよそにきくかなとふやとて花のあたりにをるかひもなく

蛤のちひさきをおこせて、翫にもしつへけれはと云たるに

四五五　今さらにわらはあそひをしつるかなしる○《き》まけとや人のみるらむ

春比、憐なる事を人しれすなけくに

四五六　わか袖を心もしらぬよそ人はをりける花のしつくとやみる

袖のぬるゝ事なと云たる男に

四五七　ぬれたらはぬきも捨てよから衣みなるてふなはたゝしとそ思

89 みなるといふな

物けたつこゝちに、うつしこゝろもなくわつらふを、問たるお
とこに

四五八　とふやたれ我にもあらす成にけり憂を歎くはおなしみなから

90 とふやたれ

秋風・恋下、九六六

とき〳〵ふみなとおこするおとこの、備中と云所にいくとて、
忘るゝなといひたるに

四五九　へたてゝはいとゝうとくそ成ぬへきまかねふくなるきひの中山

この人、扇なとみするに、つきかいたる所に

四六〇　雲ゐゆく月をそたのむ忘るなといふへきなかの別れならねと

続拾遺・恋三、九五二

よの中さはかしうなりて、人のかたはしよりなくなるころ、人に

四六一　しらしかしはなのはことにをく露のいつれともなききなかにきえなは

万代・雑四、五五二一

	遠所へいにし人のもとより、このみちにはしての山と云所なむ ありける、と云をこせたりけれは	
	四六二　こゆらんとおもひもよらすしての山いきかたけにしみえさりしかは 山里にすむ人の許より、一夜の月はみきや、涙にくもる心ちな んせし、と云たるに	
91うちはへて	四六三　うちはひて山のこなたに詠れは　その夜の月もくもる成けん 五月五日、人に	
92けふはなほ	四六四　けふはなをのきのあやめもつく〴〵とおもへはねのみかゝる袖かな 遠所に年来ありけるおとこの、ちかうきてもことにみえぬにや らむとて人のよませし	後拾遺・恋四、七九九
93よそなりし	四六五　よそなりしおなしときはの心にてたえすや今もまつのけふりは 人のきたるをかへしたるつとめて、いみしううらみて、われこ そかへれといひたるに	
94とまるとも	四六六　とまるとも心はみえてよとともにゆかぬけしきのもりそくるしき あやしきことゝもの人のいふをきゝて、かゝる事ともを聞、い とゝあはれなる、と云男に	
95ふかからば	四六七　ふかゝらは涙もすゝけなみた川そをぬれきぬと人もみるへき 人の家に、秋のころ、萩上露と云事を云たるに、ことはりなる 事ともを云つゝくるれはえとふましと云たるに	
96はぎはらに	四六八　萩原にふす小男鹿もいはれたりたゝ吹風にまかせてをみよ おなしころ、すゝきにつけて、さしもあるまし仮借ふみをおこ せたるに	
97つつむこと	四六九　つゝむことなきにもあらす花すゝきまほにはいてゝいはすともあらん おやにつゝむ事ありて、かくれてゐたるかたの前に、萩のいとお	

98さはみれど
99ききときく
100うしとみて

もしろきに露のをきたれは
四七〇　さはみれとうちもはらはて秋萩を忍てをれは袖そ露けき
つねよりもよのなかはかなうみえしころ、九月九日
四七一　きゝときく人はなくなる世の中に今日も我身はすきんとやする
わりなき事をいひてうらむる人に
四七二　うしとみて思ひ捨てし身にしあれは我心にもまかせやはする
よの中にあらんかきりはをとつれん、なとかきたる人のふみあるを、ひさしうをとせぬころ、かきつけてやる
四七三　かくはかりいひしは誰にあらはこそよに有なからをとはせさらめ
つねにたえまかちなるおとこ、をとつれぬにやとて、人のよませし
四七四　このたひはかきりとみるに音つれはつきせぬ物は涙なりけり
正月朔、雪のうちふるをみて
四七五　むめはや咲にけりとてをれはちる花こそ雪のふるとみえけれ
月のあかき夜きたりときゝて、人の、かみをたゝふみのやうにむすひてをこせたるに
四七六　きたりけるかたもみえぬは雲井ゆく月みて人のつくる成けり
十月、物憐におほゆるに
四七七　めにちかきおりも有けりつねは猶よそのむら雲すくるとそみし
人のもとよりよみてとありし
うきしま
四七八　いつくなる所をかみし我身よりまたうきしまはあらしとそ思
すゑのまつ山

新続古今・哀傷、一五九六
万代・雑五、三五〇〇
正集、四一九

四七九　まことにやあたし心は有けるとすゑの松みよ浪のけしきを
しほかま
四八〇　塩かまのうらなれぬらんあまもかくわかことからきものはおもはし
まきのしま
四八一　思ひやるなみたしあれはめにちかきまかきの島の心地こそすれ
よそなれとたえすをとするおとこの、人かたひたりときゝて
四八二　いとゝしく今はかきりのみくまのゝうらのはまゆふいくへなるらむ
人のもとより万葉集しはしとあるを、なし、かきのもとゝめす、
とて
四八三　うきなからなからふるたにある物をなにかこのよにしふもとゝめむ
はらたゝしき事のありしかは、をのかしゝふして、かせのいた
うふくにしもみえぬに
四八四　風のをともおとろかれましよ　まろかまろねにねならひにけり
さみたれと云題を
四八五　夜のほとにかりそめ人やしたりけん宿のまこものけさみたれたる
朝きり
四八六　みそきすと朝霧すてし程もなくけさは夜さむに風にふきにける
秋比、おとこの久をとせぬに
四八七　中〳〵にをきのはをたにむすひせは風にはとくるをともしてまし
田舎へいく人に、心地あしき比
四八八　それとみよ都のかたの山のはにむすほゝれたるけふりけふらは
我不愛身命と云心を、かみにすゑて
四八九　我を人なくはしのはんものなれやあるにつけてそうきもうきかし

千載・雑下、一一六九
夫木・秋一、三八五四
正集、二一一四
夫木・雑一、七九六三

四九〇　れいあらは歎かさらましさためなき命おもふそものはかなしき
四九一　みる夢もかりところはある物をいふかひなしやはかもなき身は
四九二　いかはかりふかきうみとか成ぬらんちりのつみたに山と積れは
四九三　野辺にいてゝ花みる程の心にもつゆわすられぬ物はよのなか
四九四　ちかくみる人も我身もかた〱にたゝよふ雲とならんとすらん
四九五　をしまれぬかたこそ有けれいたつらにきえなむ事は猶そ悲しき
四九六　はかもなき露をはさらにいひをきてあるにもあらぬ身をいかにせん
四九七　をゝよはみたえてみたるゝたまよりもぬきとめかたし人の命は
四九八　しはしふるよたにかはかりすみうきに哀いかてかあらんとすらむ
四九九　まほろしにたとへはよはたゝのまれぬなけれとあれはあれとなけれは
五〇〇　過ゆくを月日とのみもおもふかな今日ともをのかみをはしらすて
　萩花盛にきたる客人の、心はみなとゝめてなむきたる、と云たるに
五〇一　花によりとゝめけるをはおくれたる心とのみも思ひつるかな
　人のふみをこせたる返事に
五〇二　たねをとる物にもかなやわすれくさかれなはかゝるあともあらしを
　四月一日、思様ありて
五〇三　かはしてし衣はかへしむすひをきて露けゝ成と人はみる共
　今は宮にも候はすと案内したる人に
五〇四　ありとこそいふはかりにはあらねともむけになしとは誰かいひけん
　たゝにかたらふ人の、物へゆくに
五〇五　いかはかりむつましくしもなくはあれとをしきはよその別れ成けり

続後撰・雑下、一二三一
万代・雑五、三四六四
万代・釈教、一七四一
万代・釈教、一七四二
続集、六四四
万代・恋五、二六四二
続集、六〇七

郭公のこゑ今夜聞たるつとめて、かたらふ人のもとに

五〇六　時鳥きかはやきくやと、ひてましいとわかことくねさめぬるきみ

これはひとりことに

五〇七　子規ふるさぬこゑをいつしかと物おもふ人そきくへかりける

かみなる日、妻のもとにていか丶と問たる人に

五〇八　わかためもいと丶雲ゐになる神もまことにさけぬなこそ惜けれ

た丶にかたらふおとこ、なをこのよのおもひいてにすはかりと

なんおもふ、といひたるに

五〇九　かたらふにかひもなけれはおほかたは忘れなむとそいふとこそみれ

なをか丶るすちの事とのみいふに

五一〇　さきのよにさはかりこそは契りけれわかことさまにおもひし物を

年来頼かひなき人かくなめりとうらむるおとこに、物思ころ

五一一　たのみけんわれかわれにてあらはこそ君をきみともわきておもはめ

おなし返事をたにせぬと云に

五一二　をきふしになそや〳〵といはるれはたえすいらふる心地こそすれ

春比、雨のつれ〳〵なるに

五一三　雨降はものおもふ事も増りけり淀のわたりのみつならねとも

かたらふ人のもとより、こ丶ちなむあしき、しなは思ひいてよ

と云たるに

五一四　うきにかく今またふる身にかへてきみやはかけて我を忍はぬ

堅根やむと人許に云たる人に、五月五日いひやる

五一五　今日たにもひきやはすてぬかくれぬにおふるあやめのかたね成とも

同日、忍ひたる人に

五一六　今日とてもひきにやはくるあやめ草人しれぬねはかひなかりけり

つゝましき事あれは日来もいはさりつる、と云人に

五一七　つゝむとはいひにもいはて程ふれはたゝ池水のたゆるとそみる

と云たる返事に、人しれぬこゝろはたえすと云たるに

五一八　よそにたゝ花とこそみめたのみなは人をうらみに成もこそすれ

四月晦日

五一九　たか里にまつ聞つらん郭公なつは所もわかすきぬるを

冬のはしめ

五二〇　もみち葉やをつるとおもへとこからしの吹は涙もとまらさりけり

五二一　みやまへに雪や降らん外山なるしはのいほりにあられふる也

物へたてゝ、尼のおこなひするをきゝて

五二二　かひなきはおなしみなからはるかにもほとけに夜のこゑをきく哉

有明の月をみて

五二三　かきりあれはかつすみわふるよの中に有明の月をいつまてかみん

秋の比、たうとき事する山寺に詣たるに、虫のこゑ〳〵なけは

五二四　心にはひとつみのりとおもへとも虫はこゑ〳〵聞ゆなる哉

人のなくをきゝて

五二五　よもやまもけしきもみるに悲しきはしかなきぬへし秋のゆふへは

暁かたに、滝のをと憐に聞ゆれは

五二六　哀にもきこゆなるかな暁の滝はなみたのをつるなるへし

絵に、山寺に法師のゐたるまへに、日くれてきこりとものの帰る

五一七　万代・恋四、二四一二

五一九　続後撰・夏、一七二
万代・夏、五九〇

五二〇　万代・冬、一三五九

五二二　正集、一一九

五二三　正集、一二〇
万代・雑一、二九二一

五二四　正集、一一八
万代・釈教、一七一三

五二五　正集、一一三

五二六　正集、一一四
万代・雑三、三三一〇

所に

五二七 すみかそとおもふも悲しくるしきをこりつゝ人のかへる山辺に

正集、一一五
夫木、一三六八八

五二八 ともすれはひき驚かす小山田のひたすらいねぬ秋のよな〳〵

正集、一一六

田守宅の人のゐたるに

八月はかり、はきいとおもしろきに、雨降日

五二九 おしとおもふわれてふれねとしほれつゝ雨には花のおとろふるかな

正集、一一七

桜花のいみしう散つもりたるをみて

五三〇 桜花思ひもあえすこのもとにちりつもるともいかてこそみめ

祈の歌ともよむに

松竹

五三一 すみよしの岸のまに〳〵なみたつる松のひと葉に千代はかそへよ

五三二 としのはにをひそふ竹のふしことにつきぬたけのよをそこめたる

かたらふ人のをとせて、日来山寺になむあると云たるに

五三三 ひとりやはみえぬ山路もたつぬへきおなし心になけくうきよを

玉葉・雑三、二二三四

三月晦に、惜春心の文つくりて、四月朔になりぬれは、そのつとめてのうたよむに

五三四 昨日をは花のかけにてくらしてき今日こそいにし春はをしけれ

続千載・夏、二一一
万代・夏、四九九

夏の夜月をみるとて、人〳〵あまたあるなかに、いそきたつほとに

五三五 いつちとていそくなるらんいとこにもこよひはおなし月をこそみめ

男のもとの妻あたるいみしうはらたつと聞に、筝をやるとて、今の人のよませし

五三六　かはらしや竹のふるねはひと夜たにこれにとまれるふしは有やは

続詞花・雑中、八〇六

六月、川原に祓しにいきたるに、魚とるをみて

五三七　かはのせにつりする人のつみをさへはらふすてつる今日にも有哉

夫木・夏三、三七九〇

槿花やかなる人にやるとて

五三八　今のまの朝かほをみよかゝれともたゝこの花はよの中そかし

人〳〵国〻にある所をよませしに、山城かへり
ふち

五三九　ひたすらにうき身を捨る物ならはかへりふちにはなけしとそ思

さやか山

五四〇　なにしをへはことにあかくもみゆるかなさやか山より出る月かけ

夫木・雑二、八八一四

みとろいけ

五四一　なをきけはかけたにみえしみとろ池にすむ水鳥のあるそあやしき

雨のもり

五四二　ありともとふ人なくてふる里に雨のもりくるをとそ悲しき

夫木・雑四、一〇〇八〇

もとりはし

五四三　いつくにもかへるさまのみわたれはやもとりはしとは人のいふらん

夫木・雑三、九五〇二

摂津国　しまのし

五四四　浦風やのとけかるらん神のみるしまのしもよりふねのほるめり

たまさかの池

五四五　うきよにはありへん事もたまさかのいけらんとたに思ひやはする

夫木・雑五、一〇七八四

羽束の里

五四六　かきりありてはつかのさとにすむ人は今日あすかとよをも歎かし

春の初比、和布と云物を梅花につけて、人のおこせたるに

五四七　花みれはこのめも春に成にけりみゝのまもなし鶯のこゑ

夫木・春二、三七一

さくらのいとおもしろうさきたるをみて、いにし人のもとより、
ちらぬさきに今一度いかてみむ、と云たるに

五四八 とうをこよさくとみるまにちりぬへし露と花とのなかそよのなか

といひやりて待に、日比になりぬれはいひやる

五四九 くましくはをりてもやらん桜花風の心にまかせてはみし

といひたれは、中〳〵あたのはなはみしとてなむと云たるに

五五〇 あたなりと名にこそたてれ桜花霞のうちにこめてこそをれ

おなしころ、女客人のまてきて、物語なとしてかへりぬるに

五五一 我宿のはなをみすてゝいにし人心のうちはのとけからしな

松竹なとある中に、桜のさけるをみて

五五二 ときはなるものともやかてみてしかな松と竹との中にさくらを

懸子なき手箱もたる人の、懸子のかきりみにあるをみてこへは、
とらせたるを、あはすとてかへしゝに、いひやる

五五三 くやしくもみせてけるかなうらしまのこめて置たる箱の懸子を

事なる事なきおとこの、あねにねんと云たるに

五五四 ねらねはとこなかにのみおきゐつゝあとも枕もさためやはする

しりたる男の、女仮借するに、えあふましき気色をみて、いみ
しうなけきて、思ひやみなむとおもふに、やまねはわふるに

五五五 かくなからやむへきなかとおもふにもあやなく我そ心くるしき

たまさかにあひて、物をたにいひあえす云たるに

五五六 逢事によろつまさらぬ物ならはいひにはいはておもひにそ思

雪のいたうふりたるあか月に、人のいてゆくあとあるに、つと
めていひやる

五五七 とゝめたる心はなくていつしかと雪のうへなるあとをみしかな

五五八　いはましをのかてなれのこまならはぬしにしたかふあゆみすなとも
とき〳〵くる人の、門の前よりわたるにおほゆる

正集、二五六

五五九　つれ〳〵と詠くらせは冬のひのはるのいくかにことならぬ哉
冬比、荒たる家にひとりなかめて、またるゝ事のなかりしまゝに、いひあつめたる

正集、一六三
玉葉・雑一、二〇二八
夫木・冬一、六七二三

五六〇　中〳〵に我かひとかとおもはすはあれたる宿もさひしからまし
荒たるやと

正集、一六四

五六一　かたらはん人をまくらとおもはゝや寝覚のとこにありとたのまむ
寝覚のとこ

正集、一六五

五六二　有明の月みすひさにおきていにし人のなこりを詠めしものを
暁の月

正集、一六六
千載・恋五、九〇七
玄玄、一三〇

五六三　まとろむをおこすともなき埋火をみつゝはかなくあかす比哉
埋火

正集、六九
正集、一六七
万代・冬、一五一五

五六四　かたしきてねられぬねやのうへにしもいとあやにくにおける朝霜
朝霜

正集、一六八

五六五　朝ことに氷のとつる我袖はたかほりおけるいけならなくに
袖氷

正集、一六九

庭雪

五六六　まつ人のいまもきたらはいかゝせんふまゝくおしき庭の白雪	正集、一七〇 金葉三・冬、二八五 詞花・冬、一五八 玄玄、一三一 新撰朗詠・冬、三五七
晩思	
五六七　夕暮になそも思ひの増るらん待人のはたある身ともなし	正集、一七一 万代・恋五、二七〇五
五六八　はかなくもよをたのむかなよひのまのうたゝねにたに夢やみゆやと	正集、一七二

J歌群（五六九～六四七）略

相模集、初事百首歌群（浅野家本）

断簡本文の初句	浅野家本本文	備考
	はる	
	五二八 つれ〳〵となかきはるのみ、つくせとあかぬは、なのにほひなりけり	
	五二九 山さとにか、るすまひはうくひすのこゑまつきくそとり所なる	
	五三〇 さわらひやもえいてぬらむはるの、にやけはらあさる人しけくみゆ	万代・春上、一七三
	五三一 しもかれむほと、をけにもみゆるかないまもれいつるにはのわかくさ	夫木・春三、八九四
	五三二 はな、らぬなくさめそなき山さとのさくらはしはしちらすもあらなむ	玉葉・春下、二二九
	五三三 ふきよらはみたれもやせむあをやきのいとこそかせはうしろめたけれ	
1さはみづに	五三四 さはみつにかはつもなけはさきぬらむゐてのわたりの山ふきのはな	
2かすみだに	五三五 かすみたに山ちにしはしたちとまれすきにしはるのかたみともみむ	新勅・夏、一三七
	夏	
3やまがつの	五三六 山かつのしはのかきねをみわたせはあなうのはなのさけるところや	
	五三七 むかしみし人をそしのふやとちかくはなたちはなのかほるおり〳〵	
4なりや	四七 きかてた、ねなましものをほと、きす中〳〵なりやよはのひとこゑ	新古・夏、二〇三
5うきてよに	五三八 うくてよにふるの、ぬまのあやめくさねかくるそてはかはくまもなし	夫木・雑六、一一三八二
6ほたるよの	五三九 よるをしるほたるはおほくとひかへとおほつかなしやさみたれのやみ	
7さなへひく	五四〇 さなへひきもすそよこるといふたこもわかことそてはしほとからしな	
8あとたえて	五四一 あとたえてひともわけこぬ夏くさのしけくも、のを、もふころかな	新勅・雑一、一〇五八

9なきかへる	五四二　なきかへるしての山《地》のほと、きすうきよにまよふわれをいさなへ	
	五四三　かやりけ《火は》ふりのみこそたちあされしたのこかれはわれそわひしき	
10ところせく	ナシ	
11ひとへなる	五四四　ひとへなるなつのころもはうすけれとあつしとのみもいはれぬるかな	
	秋	
12ぬるかりし	五四五　ぬるかりしあふきのかせも秋くれは思なしにそす、しかりける	
13たなばたは	五四六　たなはたはあまのはころもおりかけてたつとゐるとやくれをまつらむ	
14いろかはる	五四七　いろかはるはきのしたはをみるとても人の心のあきそしらる、	新古・恋五、一三五二
15をぎのはを	五四八　おきのはをなひかすかせのおときけはあはれみにしむあきのゆふくれ	万代・秋上、八八九
16ややもせば	ナシ	
17わがごとや	五四九　わかことやいねかてにする山たもりかりてふこゑにめをさましつ、	
18すぎがてに	五五〇　すきかてに人のやすらふあきの、はまねくす、きのあれはなるへし	
19はぎのはを	ナシ	
	五五一　あさちはらのわきにあへるつゆよりもなをありかたきみをいかにせむ	新古・雑二、一一二八
	五五二　あきふかき夜はのねさめはわりなしとしらせかほなるむしのこゑかな	
	五五三　をみなへしさかりすきたるいろみれはあきはてかたになりそしにける	
	冬	
	五五四　このはちるあらしのかせのふくころはなみたさへこそをちまさりけれ	新勅・雑一、一一〇三 続後撰・冬、四六八
	五五五　いつもなをひまなきそてを神なつきぬらしそふるはしくれなりけり	新勅・冬、三六三
	五五六　このころはをの、わたりにいそくらむ冬まちかほにみえしすみやき	万代・冬、一五一四
	五五七　ひとりぬるわかみはしもにあらねともふゆのよな〳〵おきそゐらる、	
20しもおかぬ	五五八　しもおかぬひとの心もいかなれはくさよりさきにかれはてぬらむ	
21きえさらば	ナシ	

	五五九	ふゆのいけにうきねをしたる水とりのよこゐをきけはものそかなしき	
22なみだがは	五六〇	なみたかはみきはにこほるうはこほりしたにかよひてすくすころかな	
23うづみびを	五六一	うつみひをよそにみるこそはかなけれきゆれは□□のはゐとなる身を	玉葉・雑一、二〇五六
	五六二	かすふれはとしのおはりになりにけりわか身のはてそいと、かなしき	新勅・雑一、一一二二
		雑	
	五六三	かすならぬ身のことはりをしらさらはうらみつへくもみゆるきみかな	玉葉・恋五、一七九三 万代・恋五、二五八八
	五六四	とひわたる人もやあると人しれすまつにをとせぬ宮ことりかな	
24すずかやま		ナシ	
25ひともうし	五六五	人もうしわか身もつらしと思にはうらうへにこそ、てはぬれけれ	
	五六六	わかことやうきにつけてもわすれぬとかたみにつらくみえましものを	
26あふことの	五六七	あふことのかたきになれる人は猶むかしのあたとおもほゆるかな	
	五六八	わすれくさたねを心にまかせてやわかためにしも人のしけらむ	
27みにしみて	五六九	身にしみてつらしとそ思人にのみうつる心のいろにみゆれは	
	五七〇	はやくよりしたのうらみはふかけれとうへそつれなきよとかはのみつ	
	五七一	あかしはまいくらかさねにあらねともうらみそつくすひとの心を	
28わがためは		ナシ	
29ときどきは	五七二	ひとき、もうたてなけかしと思へともならひにけれはしのはれぬかな	万代・恋三、二三四〇
30ひまなくぞ	五七三	ひまなくそなにはのこともなけかる、こやつのくにのあしのやへふき	万代・雑三、三三五八
	五七四	よのなかをうちなけきつ、あふみなるやすきこと、はねをのみそなく	
	五七五	をとにきくやすのかけはしかけてのみなけきそわたる心ひとつに	夫木・雑三、九四六五
	五七六	すかはらやふしみをきみかことくさにうちなけかる、ことやなにこと	
	五七七	とことはにたえぬなけきは山しろのくせになりぬる心ちこそすれ	
	五七八	思きやしらぬやまへをなかめつ、宮こ、ひしきねをなかむとは	

	五七九　かつきするあまのたくなはうちはへてものなけかしくおもほゆるかな	
	五八〇　いともけにおほつかなしやめにちかくうきをはみしと思しものを	
31あめふれば	ナシ	
32しばしだに	五八一　しはしたになくさむやとてさころものかへす〳〵もなをそこひしき	
	五八二　さむしろにふしていをたにねらね《ママ》はこひにしくものまたなかりけり	万代・恋一、一八八七
	五八三　くりかへしわれはこふれともろかつらもろ心なるひとのなきかな	
	五八四　いつとなくこひするかなるうとはまのうとくも人のなりまさるかな	新勅・雑四、一二九八
33いのちだに	五八五　いのちたにあらはとはかりたのめともなにかこのころこひそしぬへき	
34つれもなき	五八六　つれもなき人をしもやはしのふへきねたさもねたきわか心かな	
	五八七　したひものゆふてたゆくや思らむねてもさめてもわかこふるひと	
	五八八　こふれともゆきもかへらぬいにしへにいまはいかてかあはむとすらむ	新勅・雑二、一一二九
35みのうさを	五八九　身のうきをゝもはぬ山にゆきしよりなみたをえこそとゝめさりけれ	
	五九〇　くみしより心つくしになけくかなきみゆへものを思そめかは	
	五九一　あつまちのあさまのやまにあらねとも思にもゆるむねそわひしき	
	五九二　おもはしやくるしやなそとおもへともいさやわひしやむつかしのよや	
36ものおもひの	ナシ	
37いはねども	ナシ	
38もしほぐさ	ナシ	
39かぜはやき	ナシ	
40ものをのみ	ナシ	
41おもひつつ	ナシ	
42くたく□（ママ）れど	ナシ	
43ゆめさむる	ナシ	
44うばたまの	ナシ	

45ゆめにだに	ナシ	
46つねよりも	ナシ	
47うべみても	ナシ	
48ひともがな	ナシ	
	これはまことにいはけなかりしうゐことにかきつけて、人にみせむこそあさましけれ	

和歌初句索引

※通常の索引と同じように初句を歴史的仮名遣いに改め、五十音順に配列したが、断簡であるために初句を欠いている場合、あるいは断簡本文と流布本本文とで初句が異なる場合、流布本本文に（　）を付して示した。数字は歌番号である。

和泉式部続集切

あ行

あかざりし……28
あけたてば……29
あさましの……22
あはれとも……83
あまてらす……12
（いかでかは）……47
いかにして……5
いづこにと……23
いつしかと
　ききけるひとに……78
　またれしものを……35
いつとても……6
いとどしく……60
いなりにも……50
いのちあらば……42
いまはただ……8
いむとてぞ（いむとぞ）……52
いろいろの……68
いろみえで……65
うしとみて……100
うちはへて……91
うめのかを……36
おきてゆく……76
おぼつかな……25
おぼろけの……58
おもひきや……33
（おもへども）……26

か行

かぎりあれば……49
かくばかり……75
かすみたつ……86
かたらへば……85
かのやまの……15
かめやまに……74
ききときく……99
きくひとは（きくひとや）……1
きたりとも……70
きみがため……2
きみをまた……3
けさのほど（けさのまに）……64
けふはなほ……92
ここながら……56
こころして……87
このみちの……19
こひしさは……40

さ行

（さきざきに）……73
さはみれど……98

さよなかに……71
さるめみて……46
しぬばかり……41
しのぶれど……53
しらくもの（たぐひあらば）……43
すくすくと……13
すてはてむと……7
そこもとと……57
それながら……18

た行

たえしとき……24
たなばたに……51
たねからに……77
たびごろも……55
たれにかは……38
たをれども……37
つつむこと……97
つれづれと……84
てもふれで……34
とふやたれ……90
とまるとも……94
とるもをし（とるもうし）……17

な行

なぐさめむ
かたもなければ……45
ことぞなかりし……48
なこそとは……80
ぬるほども（ぬるほどの）……81
ぬれずやは……59
（ぬれたらば）……89
ねもたえで（ねもたえず）……44
のちまでは……67

は行

はかなしと……20
はぎはらに……96
はなみるに……39
はるやくる……32
ひたぶるに（ひたすらに）……21
ひととはば……54
ひとならば……79
ひとはいさ……62
ひとはゆき……72
ふかからば……95
ほどふべき……63

ま行

まどろまで……61
みはひとつ……10
みやこには（みやこへは）……88
みをわけて……27
むめのかを……36
ものをのみ
おもひのいへを……82
みだれてぞおもふ……9

や行

やるふみに……30
よそなりし……93
よそふれど（よにふれど）……4
よひのまを……69

わ行

わがこころ……16
わがそでは……14
わりなくも……31
われがなほ……11
をぎかぜの（をぎかぜに）……66

針切相模集

あ行

あとたえて……8
あふことの……26
あめふれば……31
いのちだに……33
いはねども……37
いろかはる……14
うきてよに（うくてよに）……5
うづみびを……23
うばたまの……44
うべみても……47
おもひつつ……41

か行

かすみだに……2
かぜはやき……39
きえさらば……21
（きかでただ）……4
くだく□《(ママ)》れど……42

さ行

さなへひく（さなへひき）……7
さはみづに……1
しばしだに……32
しもおかぬ……20
すぎがてに……18
すずかやま……24

た行

たなばたは……13
つねよりも……46
つれもなき……34
ときどきは（ひときぎも）……29
ところせく……10

な行

なきかへる……9
なみだがは……22
ぬるかりし……12

は行

はぎのはを……19
ひとへなる……11
ひともうし……25
ひともがな……48
ひまなくぞ……30
ほたるよの（よるをしる）……6

ま行

みにしみて……27
みのうさを……35
むばたまの……44
むべみても……47
もしほぐさ……38
ものおもひの……36
ものをのみ……40

や行

やまがつの……3
ややもせば……16
ゆめさむる……43
ゆめにだに……45

わ行

わがごとや……17
わがためは……28
をぎのはを……15

あとがき

家集の本文は変転する。写が古ければ古いほどすぐれた本文であるとは必ずしも言えないが、ある時期、ある特別な内容を持った本文が存した場合、その事実はやはりそれなりに重要な意味を持つ。本書で扱った和泉式部続集切と針切相模集は、現在断簡としてしか伝わっていないので残念ながら本文としての完全さは求められないが、いずれも平安期の写であることは間違いないものとされている。和泉式部続集、相模集、それぞれの伝本の中では圧倒的に古い。しかもそれぞれにかなりの特色を有している。内容的には現在通行している本文の前段階、いわゆる歌群レベルのものであった可能性が非常に強い。通行本文の欠を補うと思われる部分もかなりある。丁寧に読み解くことはそれなりに意味があるように思われる。

解説でも述べたが、伝行成筆という伝称はしかしとても信ずることが出来ない。口絵として掲げた写真を見てもわかるように、かなりの達筆ではある。もっとも高野切のような端正な仮名ではなく、いわば非常に個性的な筆跡であり、読みにくくもある。これまで古筆学大成をはじめ何度か翻刻もされてきたが、必ずしもその読みは一定していない。本書でももちろん可能な限り丁寧な読みに努めたつもりであるが、それでも間違いがないかと怖れている。忠実な翻刻は基礎の基礎である。どんなに丁寧な注釈、あるいは文学的な理解も、基礎の部分が間違っていたらまったく意味がない。もし問題の箇所があったら直ちに確認できるよう、本書では特に〔所収〕という欄を設けて、各断簡の所在や図版の掲載文献を示した。疑問があったらご面倒でも確認をお願いしたいと思う。

口絵は、発行元である青簡舎の大貫祥子さんと相談し、和泉式部続集切の甲類、乙類、ならびに針切相模集の基本的な断簡と新出断簡とを選んで掲げた、掲出にあたっては関係する博物館ならびに各美術館に大変お世話になった。また、仲介の労をとってくださった実方葉子、峯岸佳葉両氏にも改めて感謝の意を表したい。厚く御礼を申し上げる次第である。

平成三十年九月

久保木哲夫

久保木哲夫（くぼき・てつお）

昭和29年３月　東京教育大学文学部卒業
都留文科大学名誉教授
主著：『四条宮下野集 本文及び総索引』（昭45 笠間書院）、『平安時代私家集の研究』（昭60 笠間書院）、『伊勢大輔集注釈』（平４ 貴重本刊行会）、『康資王母集注釈』（共著 平９ 貴重本刊行会）、『新編日本古典文学全集 無名草子』（平11 小学館）、『肥後集全注釈』（共著 平18 新典社）、『折の文学 平安和歌文学論』（平18 笠間書院）、『古筆と和歌』（編 平20 笠間書院）、『出羽弁集新注』（平22 青簡舎）、『伏見院御集［広沢切］集成』（共編 平23 笠間書院）、『うたと文献学』（平25 笠間書院）、『範永集新注』（共著 平28 青簡舎）、『かへり見すれば』（平30 青簡舎）

新注和歌文学叢書 24

伝行成筆
和泉式部《いずみしきぶ》続集切《ぞくしゅうぎれ》 針切《はりぎれ》相模集《さがみしゅう》 新注

二〇一八年一〇月一〇日　初版第一刷発行

著　者　久保木哲夫
発行者　大貫祥子
発行所　株式会社青簡舎
〒一〇一-〇〇五一
東京都千代田区神田神保町二-一四
電　話　〇三-五二一三-四八八一
振　替　〇〇一七〇-九-四六五四五二
印刷・製本　株式会社太平印刷社

ISBN978-4-909181-10-7 C3092　Printed in Japan